HERNANDES DIAS LOPES

PEDRO

PESCADOR DE HOMBRES

© 2015 Hernandes Dias Lopes

1ª edición (portugués): octubre de 2015
1ª edición (español): marzo de 2021

TRADUCCIÓN
Javier Humberto Martinez

REVISIÓN
Beatriz Rodriguez
Vernon Peterson

DIAGRAMACIÓN
Catia Soderi

CAPA
Maquinaria Studio (layout)
Editorial Hagnos (adaptación)

EDITOR
Aldo Menezes

COORDINADOR DE PRODUCCIÓN
Mauro Terrengui

Las opiniones, las interpretaciones y los conceptos expresados en esta publicación son responsabilidad del autor y no reflejan necesariamente el ponto de vista de Hagnos.

Todos los derechos de esta edición reservados para:
EDITORA HAGNOS LTDA.
Av. Jacinto Júlio, 27
04815-160 — São Paulo, SP
Tel.: (11) 5668-5668

Correo electrónico: editorial@hagnos.com.br
Página web: www.mundohagnos.com

Datos Internacionales de Catalogación en la Publicación (CIP)
Angelica Ilacqua CRB-8/7057

Lopes, Hernandes Dias

    Pedro: pescador de hombres / Hernandes Dias Lopes. — São Paulo: Hagnos, 2015.

    ISBN 978-65-86048-69-8

    1. Pedro, Apóstol 2. Apóstoles - Biografía 3. Personajes cristianos - Biografía I. Título

15-0852   CDD-922.22

Índices para catálogo sistemático:
1. Personajes cristianos - Biografía

Editorial asociada con:

Dedicatoria

Dedico este libro al matrimonio de Luis Antonio Castelli y María José López, preciosos hermanos, consoladores de los santos, bálsamo de Dios en mi vida, colaboradores en nuestro ministerio.

Sumario

Prefacio 7

1. Pedro, un hombre llamado por Jesús 11
2. Pedro, un hombre contradictorio 19
3. Pedro, un hombre desprovisto de entendimiento ... 27
4. Pedro, un hombre vulnerable 33
5. Pedro, un hombre restaurado por Jesús 67
6. Pedro, un hombre usado por Dios 81
7. Pedro, un predicador lleno del Espíritu Santo 99
8. Pedro, un defensor del evangelio 123
9. Pedro, un hombre que obró milagros 137
10. Pedro, un escritor inspirado por el Espíritu Santo . 143
11. Pedro, un hombre que nunca fue papa 153

Prefacio

Pedro es el personaje más contradictorio de la historia. Oscilaba como un balancín desde los picos más altos de valor hasta las profundidades de la cobardía más vil. Con la misma velocidad que avanza rumbo a la devoción más fiel, daba marcha atrás y tropezaba en sus propias palabras. Pedro es más que un hombre paradójico; es un emblema. Pedro es nuestro retrato. Es la síntesis de nuestra biografía. La sangre de Pedro corre en nuestras venas, y el corazón de Pedro late en nuestro pecho. Tenemos el ADN de Pedro. Oscilamos también entre la devoción y la cobardía. Ascendemos a los pináculos y caemos a las profundidades. Hablamos cosas lindas de Dios y después tropezamos con nuestra lengua y blasfemamos contra él. Prometemos fidelidad inquebrantable y después mostramos una cobardía vergonzosa. Mostramos una fe robusta en un momento, y enseguida naufragamos en las aguas turbulentas de la incredulidad. Eso es lo que somos... ¡Pedro!

¿Quién era Pedro? Pedro era hijo de Jonás y hermano de Andrés. Nació en Betsaida, ciudad campesina al margen del mar de Galilea. Pedro era un pescador rudo e iletrado, pero poseedor de una personalidad fuerte. Su don de liderazgo era notorio. Pedro era casado. Fijó su residencia en Capernaum, cuartel general de Jesús durante su ministerio.

En esa ciudad tenía una empresa de pesca en sociedad con Santiago y Juan, los hijos de Zebedeo.

Pedro fue llevado a Cristo por su hermano Andrés. Desde que fue llamado por Cristo para ser un pescador de hombres, ocupó naturalmente el liderazgo del grupo apostólico. Su nombre figura en primer lugar en todas las listas neotestamentarias que presentan los nombres de los doce apóstoles. Fue líder de los apóstoles antes de la muerte de Cristo, y destacado líder después de su resurrección. Fue el hombre que abrió las puertas del evangelio, tanto para los judíos como para los gentiles.

Su ministerio fue dirigido especialmente a los judíos, a los de la circuncisión. Fue un gran predicador de la iglesia primitiva en Jerusalén, aquel que llevó a Cristo cerca de tres mil personas en su primer sermón después de Pentecostés. También fue dotado por el Espíritu Santo para realizar grandes milagros. Hasta su sombra fue instrumento poderoso en las manos de Dios para sanar enfermos.

Pedro fue como una piedra tosca cortada por el Espíritu Santo. De un hombre violento, se tornó en un hombre manso. De un hombre atrevido y temerario, se convirtió en un hombre pensativo. De un hombre explosivo, se convirtió en un hombre controlado y paciente. De un hombre cobarde, se convirtió en un gigante que enfrentó prisiones, latigazos y la misma muerte con indomable coraje.

Pedro fue un hombre de oración. Tenía intimidad con Dios. Porque prevaleció secretamente delante de Dios en oración, se levantaba con poder delante de los hombres para predicar. Pedro fue un pescador de hombres y un anciano entre los ancianos. Jesús colocó en su mano el bastón de pastor y le ordenó apacentar a sus corderos y pastorear a sus ovejas. Fue un hombre que alentó a la Iglesia a enfrentar los sufrimientos de la persecución y también denunció con invaluable valor a los falsos maestros que perturbaban la Iglesia. Ese fue el contenido de sus dos epístolas. Pedro fue un misionero que, junto a su esposa (véase 1Cor 9.5), anunció el evangelio en muchos reductos del imperio romano. Pedro exaltó a Cristo en su vida y glorificó a Dios a través de su muerte. ¡Que Usted y yo sigamos las pisadas de ese hombre de Dios y que en nuestra generación Cristo sea conocido en nosotros y a través de nosotros!

¿Qué podemos aprender con este hombre? ¿Cuáles son las huellas de su vida que arrojan luz sobre nuestra realidad? ¿Cómo puede ser él nuestro maestro? Lo invito a caminar conmigo, para que aprendamos un poco más sobre Pedro.

Pedro,
un hombre llamado por Jesús

Pedro era Galileo. Nació y creció en una tierra de tinieblas. La influencia gentil era abrumadora en Galilea. Esa región era conocida como Galilea de los gentiles, tierra de tinieblas y oscuridad. Muchas creencias prosperaron en esa tierra, creencias extrañas y contrarias a la fe judía. Un día Pedro fue llevado a Cristo por su hermano Andrés. Este era pacífico y reflexivo. Nunca estuvo en el centro de atención. Nunca ocupó un lugar de preminencia. Siempre fue activo y trabajador, pero siempre trabajó tras bastidores. Pedro, desde que tuvo un encuentro con Cristo, ejerció un liderazgo notorio dentro del grupo apostólico. Se convirtió en uno de los apóstoles más cercanos a Jesús. Andrés nunca tuvo la proyección de su hermano, pero tuvo el privilegio de llevar a su hermano a Cristo.

La elección que Jesús hizo de los apóstoles nos sorprende profundamente. Ningún emprendedor seleccionaría aquel grupo. Eran hombres con muchas limitaciones. Ninguno de ellos era de noble estirpe. Ninguno de ellos ocupaba la cima de la pirámide social. Eran galileos, una raza despreciada. Eran iletrados, marginados socialmente. Eran hombres cargados de una cultura religiosa plagada de sincretismo. Pedro era inconstante y Andrés tímido. Santiago y Juan eran conocidos como hijos de trueno, hombres explosivos. Felipe era escéptico y Bartolomé prejuicioso. Tomás era incrédulo y Mateo comprometido con el sistema de recaudación abusiva de impuestos. Santiago hijo de Alfeo y Judas eran tan tímidos que sus nombres no figuran en ningún episodio relevante. Judas Iscariote, el tesorero del grupo, era el hijo de perdición, hombre que traicionó a Jesús por míseras treinta piezas de plata.

Jesús escogió a estos hombres no por lo que ellos eran, sino por lo que vendrían a ser. Y llegaron a serlo no por desarrollar su potencial, sino debido a la transformación provocada en ellos por Jesús y la capacitación del Espíritu Santo.

Uno de los episodios más marcados en el llamado de Pedro tuvo lugar a orillas del mar de Galilea. Pedro, Andrés, Santiago y Juan, por ser socios, empresarios de la pesca, habían trabajado toda la noche sin ningún éxito (Lc 5.1-5). Volvían del trabajo nocturno con redes vacías. No tenían nada para ofrecer a sus clientes. El saldo era negativo. El déficit en el presupuesto era seguro. Al mismo tiempo que lavaban las redes, la multitud apretaba a Jesús, ávida de sus enseñanzas.

A orillas de ese lago de aguas dulces, también llamado lago Genesaret, o mar de Galilea, de 23 kilómetros de largo por 14 kilómetros de ancho, arrinconado en el lado occidental por las montañas de Galilea y en el lado oriental por las montañas de Golán, Jesús entró en el barco de Pedro, anclado en la playa, y le ordenó que lo apartara un poco de la playa. Jesús hizo de la barca un púlpito, de la playa un templo, y del agua reflejada un amplificador de sonido. Desde ahí enseñó a la gran multitud, que bebía a largos sorbos de su bendita enseñanza.

La pregunta que se debe hacer es ¿por qué Jesús entró en el barco de Pedro, y no en otro barco? ¿por qué Jesús se dirigió a Pedro, y no a otro compañero de pesca para alejar el barco? ¿por qué Jesús concentró su atención en ese rudo pescador?

Después que Jesús despidiera a la multitud, se dirigió a Pedro, y no a sus compañeros, dándole una orden expresa: [...] *Cuando terminó de hablar, dijo a Simón: Boga mar adentro, y echad vuestras redes para pescar* (Lc 5.4). La orden es para Pedro, pero las redes son de todos. La orden es para Pedro, pero la pesca era de todos. Había en aquel episodio un propósito específico de trabajar en la vida de Pedro. El experto y perito pescador responde a Jesús, diciendo que pescar era su especialidad. Él conocía todo acerca de aquel mar. Conocía cada metro cuadrado de aquel lago. Allí era su territorio más conocido y explorado. Era el campo de donde traía su sustento. Pedro le asegura que el mar no estaba para peces, que todo esfuerzo había sido en vano. Dominado por un realismo profundo, manifestó su opinión que otro esfuerzo sería inútil. Pedro presentó delante de Jesús su lógica fría, su experiencia madura, su certeza experimental.

Pero, al mismo tiempo, que expresó su convicción de total imposibilidad de éxito, movido por una fe robusta, dijo: [...] *más en tu palabra echaré la red* (Lc 5.5). Pedro oscila entre la realidad desalentadora de la experiencia frustrante y la fe victoriosa; entre la improbabilidad del esfuerzo humano y la manifestación del poder de Jesús. Al mismo tiempo que dice que la pesca había sido hecha sin resultado, se dispone a actuar de nuevo por la orden de Jesús. El mismo Pedro que ya estaba lavando las redes para guardarlas hasta el otro día, las toma de nuevo hacia el mar, bajo la orden expresa de Jesús. Pedro es ese hombre que, como un péndulo va de un extremo a otro.

Cuando las redes fueron lanzadas en el nombre de Jesús, un milagro sucedió. Un cardumen de peces comenzó a saltar dentro de las redes. Los apóstoles nunca habían visto eso. Era algo extraordinario. El barco en que estaban no pudo soportar la cantidad de peces. Las redes se rompían pesadas de peces. Hicieron señales para que otro barco viniera a fin de salvar el resultado de la pesca milagrosa. Para quien no había conseguido nada en el último trabajo, ahora alcanzaron un resultado nunca visto. Una convicción se apoderó del alma de Pedro. Aquel resultado extraordinario no era un incidente cualquiera. Él no solo estaba teniendo un día de suerte en su empresa. Algo milagroso estaba sucediendo. Un poder sobrenatural estaba en acción. Él no estaba delante de un hombre común. Ciertamente el Jesús que acababa de enseñar a la multitud ahora avalaba sus palabras con su acción milagrosa. Él estaba delante del propio Dios hecho carne. Esa convicción aplastó su corazón.

Pedro, entonces, deja el mar, el barco, las redes, los peces, los socios y corre al encuentro de Jesús postrándose a sus pies y clama: [...] *Apártate de mí, Señor, porque soy hombre pecador* (Lc 5.8). Pedro reconoce que Jesús es Dios y que él mismo no es más que un simple pecador, que no tiene derecho a estar al lado de Jesús. Pedro sabe que Jesús es más que un maestro, y más que un gran hombre, más que alguien que tiene poder para hacer milagros. Pedro sabe que Jesús es santo y él indigno. Sabe que Jesús es exaltado y él vil. Sabe que con sus pecados no puede estar cara a cara con aquel que es santo y sublime.

Jesús no se aparta de Pedro, sino que lo atrae aún más a él. Le dice que no tema. El mismo Jesús que ordenó a Pedro lanzar las redes al mar, ahora pesca a Pedro con la red de su gracia. El mismo Jesús que manifestara su poder en la pesca maravillosa, ahora va, a través de Pedro, a hacer la pesca más gloriosa de las pescas, la pesca de hombres.

Jesús en lugar de irse, ahora llama a Pedro a un nuevo desafío, una nueva empresa. Él le dice: *No temas; desde ahora serás pescador de hombres* (Lc 5.10). Pedro no era un pescador de hombres ni se convirtió en uno por sí mismo. Es Jesús quien hace de Pedro un pescador de Hombres. Es Jesús quien capacita al hombre para ser un instrumento eficaz para llevar a otros hombres a sus pies.

Pedro debería usar toda su experiencia de pescador en otro "negocio". Pescar hombres es el más importante, el más urgente, y el más sublime trabajo que se puede hacer en la tierra. Ese trabajo tiene consecuencias eternas. Ni con todo el oro del mundo se podría comprar la salvación de un hombre. A partir de ese momento, el dinero no sería más el motor que gobernaría las motivaciones de Pedro, sino la salvación de vidas. Pedro debería invertir su tiempo, su inteligencia y su esfuerzo en la salvación de personas.

Pedro fue transformado en pescador de hombres. Su empresa de pesca cerró. Sus barcos fueron arrastrados a la playa, y sus redes fueron retiradas. Un nuevo emprendimiento fue comenzado. Una nueva fuente de trabajo fue abierta. Un nuevo negocio fue inaugurado. Aunque los otros socios también habían abandonado sus barcas y sus redes para seguir a Jesús, la palabra es dirigida a Pedro: "¡Yo haré de ti un pescador de hombres!" Y, de hecho, Pedro va a ser preparado para actuar como un pescador de hombres, para lanzar la red del evangelio para llevar multitudes a Cristo. Él es el gran pescador, el gran líder que, lleno del Espíritu Santo, va a ser poderosamente usado para sacudir las estructuras del infierno y arrancar de la potestad del diablo millares de vidas y transportarlas al reino de la luz. Pedro fue el hombre usado por Dios para abrir la puerta del evangelio, tanto para judíos como para gentiles. Mas adelante, Jesús coloca, también, en las manos de Pedro el cayado de un pastor (Jn 21.15-17) para apacentar a los corderos y pastorear a las ovejas de Cristo.

Pedro no solo es salvo por Jesús; también es transformado en discípulo y apóstol de él. No fue solo escogido como apóstol; también lo fue como líder de sus pares. Pedro llegó a ser uno de los apóstoles más cercanos a Jesús. Junto a Santiago y Juan, Pedro formó un grupo de discípulos que disfrutaron de mayor intimidad con Jesús. Solamente los tres entraron en la casa de Jairo, cuando resucitó a su hija. Solo los tres subieron al monte de la transfiguración y vieron a Jesús siendo transfigurado y hablando con Moisés y Elías acerca de su partida a Jerusalén. Solo los tres disfrutaron el momento más crucial de la vida de Jesús, en el jardín del Getsemaní, cuando confesó que su alma estaba profundamente triste hasta la muerte. Pedro, Santiago, y Juan vieron como ninguno el poder de Jesús sobre la muerte en la casa de Jairo, la gloria anticipada de Jesús en el monte y su agonía indecible en el Getsemaní.

Es cierto que, de esas tres ocasiones, Pedro tuvo una postura reprensible en dos de ellas. En el monte de la transfiguración, Pedro, sin saber lo que hablaba, equiparó a Jesús con Moisés y Elías, representantes de la ley y los profetas respectivamente. Allí, en la cima de esa montaña bañada por una luz brillante, Pedro no discernió la centralidad de la persona de Jesús ni la centralidad de su obra. En el Getsemaní, después de prometer a Jesús fidelidad irrestricta, Pedro se durmió en el momento de la batalla más reñida de la humanidad, cuando Jesús oró, lloraba y sudaba sangre.

2

PEDRO,
un hombre contradictorio

Pedro es el símbolo de nuestra naturaleza ambigua, contradictoria y paradójica. El hombre que llega a las alturas excelsas y desciende a los valles más profundos. El hombre que hace declaraciones osadas y demuestra enseguida una postura cobarde. Es el hombre que hace promesas de fidelidad incondicional para luego negar su nombre, su fe y su Señor, con juramentos y anatemas. Es el hombre que hace avances inusitados y da marcha atrás con la misma velocidad. Nosotros no somos diferentes a Pedro. La sangre de Pedro corre en nuestras venas, el corazón de Pedro late en nuestro corazón. Tenemos el ADN de Pedro. ¡Nosotros somos Pedro!

Pedro entre la fe y el miedo

Después de multiplicar panes y peces para una multitud hambrienta, Jesús ordenó a sus discípulos entrar al barco y volver a casa, mientras él se quedaba despidiendo las multitudes. Mientras navegaban rumbo a Capernaum, una tempestad abrumadora los sorprendió. Inútilmente intentaron controlar la situación. La experiencia de ellos en aquel mar no era suficiente para resolver el impase. El barco estaba presto a naufragar. Todos los recursos mostraban ser inútiles. Ya estaban agotados y desesperanzados. La noche oscura arrojaba sobre ellos todavía más pavor. De repente, en la cuarta vigilia de la noche, Jesús aparece andando sobre las olas. Una tenue luz surca los cielos, y ellos ven un bulto majestuoso andando firmemente sobre las olas furiosas. El pánico se apoderó de todos. Piensan que es un fantasma. Jesús pone calma en el corazón de ellos, presentándose y ordenándoles no tener miedo: *Pero en seguida Jesús les habló, diciendo: ¡Tened ánimo; yo soy, ¡no temáis!* (Mt 14.27). Pedro, movido por la fe, dice a Jesús: *Entonces le respondió Pedro, y dijo: Señor, si eres tú, manda que yo vaya a ti sobre las aguas* (Mt 14.28). Pedro se destaca sobre sus pares. Demuestra una confianza inquebrantable en su Señor. Está listo para saltar de su frágil y maltrecho barco y entrar en el mar bravío. Jesús le dice: [...] *Ven* (Mt 14.29), y Pedro no titubea. En un arrebato audaz, salta del bote golpeado por la furia de las olas y comienza a caminar sobre el mar embravecido. ¡Hecho extraordinario! ¡Milagro sublime! Pedro vence la furia del mar. Las olas se vuelven tierra firme bajo sus pies.

Pero, en un instante, Pedro miró la furia del viento y la violencia del mar y tuvo miedo. En ese instante comenzó a naufragar. Mientras mantenía los ojos fijos en Jesús, avanzó orgulloso; pero, al quitar sus ojos de Cristo y fijarlos en el problema, se hundió. Entonces gritó de inmediato: [...] *Señor sálvame* (Mt 14.30). Jesús, rápidamente extendiendo su mano, lo sacó de la ira de las olas diciéndole: [...] *Hombre de poca fe, ¿por qué dudaste?* (Mt 14.31). Pedro oscilo entre la fe y la duda, entre la creencia y la incredulidad, entre la confianza y el miedo.

Pedro entre la bienaventuranza y el reproche

Otra escena que retrata ese hecho de forma elocuente está en Mateo 16. Jesús estaba caminado por Cesarea de Filipo, en el extremo norte de Israel, en las faldas del mote Hermón, el monte más alto de Israel, en la frontera con el Líbano, donde el rio Jordán nace. Allí Jesús hace una encuesta con sus discípulos, preguntándoles: [...] *¿Quién dice la gente que es el Hijo del Hombre?* (Mt 16.13).

Los discípulos abrieron el mapa delante de Jesús y respondieron que la gente estaba confundida y equivocada sobre su identidad. Dijeron: [...] *Unos, Juan el Bautista; otros, Elías; y otros, Jeremías, o alguno de los profetas* (Mt 6.14). Aquella región fuertemente marcada por el paganismo gentil tenía creencias influenciadas por la antigua doctrina de la *metempsicosis*, o transmigración de las almas, más conocida hoy como reencarnación. El misticismo acerca de Jesús, y no la verdad, dominaba la mente de aquellos toscos galileos. A pesar de que Jesús pisó y realizó en esa región portentosos milagros, el pueblo no lo conocía. Incluso asistiendo a las sinagogas y oyendo la lectura de la ley, no tenían discernimiento para reconocer al Mesías. La confusión religiosa y la ceguera espiritual predominaban en aquellas playas.

El pueblo aún hoy no conoce claramente quién es Jesús. Algunos lo ven apenas como un profeta; otros, como un espíritu iluminado. Hay aquellos que imaginan que Jesús es un maestro moral. No faltan los abusivos que tachan a Jesús de comunista, revolucionario, y hasta hippie. El mundo no conoce a Jesús. Sus ojos están tapados por una venda, y sus oídos cerrados con un tapón. El corazón de los hombres es piedra insensible y jamás comprenderá la verdad de Dios, a menos que Dios se revele a ellos. Solamente el Padre puede revelar al Hijo, y solo aquellos cuyos ojos son abiertos por el propio Dios pueden conocer y confesar a Cristo.

Concuerdo con C. S. Lewis quien dice que con respecto a Cristo estamos condenados a tomar una de tres decisiones: Jesús es mentiroso, lunático o Dios. Si Jesús afirmó ser quien no es, entonces es un mentiroso. Si Jesús pensó ser quien no es, entonces es un lunático. Si Jesús es quien dice ser, entonces él es Dios. Aquellos que niegan la divinidad de Cristo y al mismo tiempo defienden que es un profeta o un maestro moral entran en una absurda contradicción. Quien miente acerca de su propia identidad y afirma ser quien no es, no puede ser un profeta, mucho menos un maestro moral. Porque Jesús dijo haber venido del Padre, siendo igual al Padre en palabras y obras, solo nos resta una opción: afirmamos, de hecho, que él es Dios y caemos a sus pies como el apóstol Tomás, diciendo: ¡*Señor mío y Dios mío!* (Jn 20.28).

Por eso, Jesús se volvió a sus discípulos y les preguntó: [...] Y *vosotros, ¿quién decís que soy yo?* (Mt 16.15). Pedro siempre hablador, siempre proactivo, siempre líder, respondió por el grupo: [...] *Tú eres el Cristo, el Hijo del Dios viviente* (Mt 16.16). Pedro sabía que el carpintero de Nazaret, el rabino de Galilea, fue más que un profeta y más que un maestro moral. Él sabía que Jesús era el Mesías prometido, el Cristo de Dios, el Hijo del Altísimo. Es probable que Pedro esperara de Jesús un elocuente reconocimiento por la definición tan precisa, por la profesión de fe tan fuerte, por la definición doctrinal tan ortodoxa.

Sin embargo, cuando Jesús escuchó de Pedro una declaración tan precisa, respondió: *Bienaventurado eres, Simón, hijo de Jonás, porque no te lo reveló carne ni sangre, sino mi Padre que está en los cielos* (Mt 16.17). Jesús dice a Pedro que su correcto conocimiento y su confesión precisa no fueron fruto de su descubrimiento, sino de la revelación del Padre. Nadie conoce a Jesús a menos que el Padre revele primero a su Hijo. El correcto entendimiento espiritual acerca de Jesús no es resultado de la investigación humana, sino de la revelación divina. El propio Padre nos presenta a su Hijo.

Después de oír la confesión de Pedro, Jesús anuncia: *Y yo también te digo, que tú eres Pedro, y sobre esta roca edificaré mi iglesia; y las puertas del Hades no prevalecerán contra ella* (Mt 16.18). Este, tal vez, sea el versículo más emblemático de la Biblia. De su interpretación depende la dirección del cristianismo. La gran pregunta aquí es: ¿Quién es la piedra sobre la cual la Iglesia es edificada? Algunos defienden que la piedra es Pedro. Otros dicen que es la declaración de Pedro. Defenderé la tesis que la piedra es Cristo. Trataré este asunto de forma más amplia al final del libro.

Una vez que los discípulos estaban conscientes de su verdadera identidad, Jesús abre un nuevo capítulo de su enseñanza y muestra claramente a los discípulos que era necesario que él fuera preso, juzgado, condenado, muerto y sepultado para resucitar al tercer día. Jesús deja claro a los discípulos que su misión pasaba por la cruz. Su muerte no debía ser vista como un accidente, ni su resurrección como una sorpresa. Incluso, aunque Jesús sufriría un complot de judíos y gentiles para llevarlo a la cruz, esa agenda no estaba en manos de los hombres, sino en los eternos decretos de Dios. Jesús vino para morir, y morir por nuestros pecados. Jesús vino para dar su vida por su pueblo. El vino para morir por sus ovejas, por su Iglesia.

Ante esa espantosa declaración de Jesús, el mismo Pedro que acababa de proferir su fe ortodoxa en la mesianidad de Jesús y en su filiación divina pasa a reprender a Jesús, diciendo: [...] *Señor, ten compasión de ti; en ninguna manera esto te acontezca* (Mt 16.22). Le faltó a Pedro el discernimiento espiritual. No conseguía ver el futuro con los mismos ojos de Jesús. Por eso, Jesús se vuelve a Pedro y le dice de manera contundente: *¡Quítate de delante de mí, Satanás!; me eres tropiezo, porque no pones la mira en las cosas de Dios, sino en las de los hombres* (Mt 16.23). Pedro va de un extremo a otro. En un instante, recibe revelación de

Dios; en otro, intenta llevar a Jesús lejos de la cruz. Pedro es un gran balancín que va de la fe a la incredulidad, de la declaración más fiel a la tentación más vil. ¡Queda evidente que la Iglesia no podría haber sido edificada sobre un fundamento tan frágil!

Es claro que Jesús no está diciendo que Pedro es Satanás. Tampoco está afirmando que Pedro está poseído. Ni siquiera Jesús despide a Pedro. Lo que Jesús está haciendo aquí es mandar fuera a Satanás que instigó a Pedro. Satanás usó varias estrategias para apartar a Jesús de la cruz. Aquí saca una carta más, pero Jesús discierne su artimaña y le dice que se mantenga alejado. Satanás sale, pero Pedro queda. Pedro es discípulo, y en Pedro Jesús va a continuar invirtiendo.

PEDRO,
un hombre desprovisto de entendimiento

Ocho días después del episodio narrado en el capítulo anterior, aun después de haber recibido severa advertencia de Jesús, Pedro cometió otro desliz. Jesús subió al monte de la transfiguración con el propósito de orar y llevó consigo a Pedro, Santiago y Juan. Jesús oró, pero Pedro y sus condiscípulos fueron tomados por el sueño. Jesús oró, pero Pedro y sus compañeros se quedaron dormidos. Lo que emocionaba a Jesús, le daba sueño a Pedro y sus colegas. Lo que era un deleite para Jesús era una pesadilla para Pedro y sus colegas.

En la cima de la montaña, Pedro, Santiago y Juan vieron cuatro milagros estupendos. El primer milagro fue la transfiguración de Jesús. El Hijo de Dios se transfiguró delante de ellos. El cuerpo de Jesús fue cubierto por un resplandor celestial. Su cuerpo brillaba como la luz y sus ropas resplandecían de una blancura como ninguna lavadora podría hacerlo. La

Gloria de Dios estaba sobre Jesús. Los cielos descendieron a la tierra.

El segundo milagro ocurrido fue que Moisés y Elías aparecieron en gloria hablando con Jesús sobre su partida a Jerusalén. La palabra "partida", en el griego es *exodus*, de donde viene la palabra española "éxodo". Moisés y Elías hablaron con Jesús sobre su prisión, condena y muerte en la cruz. La cruz de Jesús fue nuestro éxodo. Fue a través de la muerte en la cruz que Jesús abrió las puertas de nuestro cautiverio y quebró nuestras cadenas. Fuimos libertados del pecado, del diablo y de la muerte.

El tercer milagro es que ellos fueron envueltos por una nube luminosa. Aquella no era una nube común. Era una manifestación poderosa de la propia presencia de Dios entre ellos. Los cielos descendieron a la tierra. Dios vino a ellos de manera elocuente y majestuosa.

El cuarto milagro fue que dentro de la nube oyeron una voz divina, diciendo: *Este es mi Hijo amado; a él oíd* (Lc 9.35). El propio Dios Todopoderoso, presente en aquella nube luminosa, habló con ellos. Oyeron la voz del Omnipotente. Esa voz exaltó a Jesús y lo señaló, no solo como un gran hombre al igual que Moisés y Elías, sino como el único, incomparable y singular. En aquel monte, Pedro y sus compañeros vieron cosas espectaculares y pisaron un terreno sagrado. Incluso ante milagros tan sublimes, estaban desprovistos de entendimiento. Faltaron a Pedro cuatro percepciones vitales:

Primero, Pedro no discernió la centralidad de la persona de Jesús. Sugirió que tres enramadas fueran hechas: una para Jesús, otra para Moisés y otra para Elías. Pedro no sabía lo que estaba hablando y no sabía porque hablaba grandes tonterías. Pedro cometió una gran equivocación. Comparó y equiparó a Jesús con Moisés y Elías, los representantes de la ley y los profetas respectivamente. Jesús, sin embargo, no es solo un gran hombre, sino el Hijo de Dios. Jesús es único, singular, incomparable. Pedro estaba viendo milagros, pero su mente se hallaba vacía de entendimiento acerca de la centralidad de la persona de Jesús.

Segundo, Pedro no discernió de igual manera la centralidad del mismo Jesús. La agenda del diálogo entre Moisés, Elías y Jesús era sobre su muerte en la cruz. Aquella reunión estaba enfocada en la misión central de Jesús: morir por nuestros pecados y adquirir para nosotros eterna redención. Cuando Jesús descendió del monte y sanó al niño endemoniado, las multitudes se admiraron del poder de Jesús y quedaron maravilladas de cuanto él hacía. La atención de la multitud, así como de los discípulos, se centró en el poder de hacer milagros. Era eso lo que les encantaba. Era eso lo que los atraía. Una vez más, Pedro y sus pares acompañaron a la multitud, ansiosos por mantener a Jesús lejos de la cruz y tenerlo solo como un hacedor de milagros. Sin embargo, Jesús les dice a sus discípulos: *Haced que os penetren bien en los oídos estas palabras; porque acontecerá que el Hijo del Hombre será entregado en manos de hombres* (Lc 9.44). Jesús estaba diciendo a sus discípulos: no piensen que voy a cambiar mi agenda. No piensen que voy a ser solo un hacedor de milagros para atender sus necesidades inmediatas. Yo vine al mundo con un propósito. Yo vine para dar mi vida en rescate por muchos. Yo vine para morir por las ovejas. La centralidad de mi misión es la cruz. Es allá en el Calvario donde voy a abrir las puertas de la prisión. Es allá en la cruz donde las cadenas se romperán y el éxodo de ustedes sucederá. Pero los discípulos no entendieron eso (véase Lc 9.45). Pedro y sus compañeros estaban cerca de Jesús viendo milagros, pero estaban desprovistos de entendimiento.

Tercero, Pedro ni siquiera discernió la centralidad de su propia misión. Él dijo: [...] *Maestro, bueno es para nosotros que estemos aquí; y hagamos tres enramadas, una para ti, una para Moisés, y una para Elías; no sabiendo lo que decía* (Lc 9.33). Pedro no quería descender de aquel monte. Él quería permanecer en aquel ambiente de milagros. Abajo, al pie de la colina, mucha gente estaba afligida, enferma, necesitada. La espiritualidad del monte puede ser, y es muchas veces, la espiritualidad de la huida y del escapismo. El monte es el lugar para recargar baterías, pero nuestro ministerio no es en el monte. En el valle es donde se desarrolla nuestro ministerio. El valle es donde las personas están afligidas, enfermas, llorando, sangrando, atormentadas por el diablo. Ahí es donde deberíamos estar como agentes del reino, como ministros de reconciliación, como portadores de las buenas nuevas de salvación. No podemos quedarnos estancados en el templo día tras día, sin salir a la calle para socorrer a los afligidos. No podemos solo tener espiritualidad en el culto público, en el retiro espiritual, en las conferencias teológicas. Necesitamos descender a los valles, a los callejones, subir a las colinas, entrar en los barrios marginales, los condominios cerrados, en los pasillos de los hospitales. Necesitamos ir afuera donde la gente está afligida y desesperada. No es extraño que los cristianos vayan de la casa al templo y del templo a la casa cientos de veces al año, pero no pasan la calle para predicar de Cristo a su vecino. Subimos al monte no para armar la enramada en la cima; subimos para revestirnos de poder, para desempeñar nuestro ministerio en el valle y libertar a los cautivos.

Cuarto, Pedro no logra siquiera entender la centralidad de la adoración. Cuando él y sus compañeros vieron la nube resplandeciente y oyeron, saliendo de ella la voz que decía: [...] *Este es mi Hijo amado; a él oíd* (Lc 9.35), se llenaron de miedo (Lc 9.34), cayeron de bruces llenos de gran temor (Mt 17.6) y estaban aterrados (Mr 9.6). Hoy vemos dos extremos con respecto a la adoración. El primero es la falta de reverencia. Muchas personas, sin ningún temor, usan el nombre de Dios en vano y hablan malas palabras, blasfemando contra el nombre de Dios. Muchos padres, incluso con buenas intenciones, cometen ese error con sus hijos pequeños. Al ver a los hijos haciendo pilatunas, gritan: "niños, no hagan eso. Dios los va a castigar". Así los niños crecen con miedo a Dios, pensando que Dios es un vigilante cósmico, un *sheriff* celestial, que está con un bastón en la mano, listo para darles un golpe en cualquier momento. Aquellos que fueron criados oyendo esas aberraciones, al pasar por alguna crisis o cometer un resbalón, huirán de Dios en lugar de correr a los brazos del Señor.

Aunque Dios sea santo, santo, santo, también es Padre, y un Padre lleno de misericordia que corre al encuentro de sus hijos para darles el beso del perdón y el abrazo de la reconciliación.

Pedro estaba viendo milagros, pero no lograba discernir la centralidad de la persona de Jesús, la centralidad de la misión de Jesús, la centralidad de su propia misión, ni la centralidad del culto.

4

PEDRO,
un hombre vulnerable

La entrada triunfal de Jesús en Jerusalén fue bajo mucha tensión. La ciudad estaba alborotada. Era la fiesta de la Pascua. En ese tiempo, la ciudad quintuplicaba su población. La Pascua era la alegría de los judíos y el terror de los romanos. Había una vigilancia mayor, con temor de algún motín. Entre bastidores, las autoridades judías habían tramado la muerte de Jesús. El rabino galileo estaba molestando a los sacerdotes que gobernaban el templo. Los fariseos estaban aliados con los herodianos para matar a Jesús. La resurrección de Lázaro fue la gota que derramó el vaso, que lo desbordó, desencadenando ese complot contra Jesús.

Incluso sabiendo lo que se tramaba contra él, Jesús partió hacia Jerusalén con toda firmeza. Era posible ver eso en su semblante (Lc 9.51-53). Cuando Jesús entró en la ciudad, montado en un burro, la multitud de discípulos extendió en el camino ropas y ramos. Todos gritaban:

¡Hosanna! ¡Bendito el que viene en el nombre del Señor, el Rey de Israel! (Jn 12.13). La multitud, jubilosa, tanto quienes lo precedían como quienes lo seguían (Mt 21.9), alababa a Dios en voz alta por los milagros que habían visto, diciendo: [...] *¡Bendito el rey que viene en el nombre del Señor; paz en la tierra, ¡y gloria en las alturas!* (Lc 19.38). Jesús descendió del monte de los Olivos, cruzó el valle del Cedrón y se paró frente al magnifico templo de Jerusalén, en el monte Moriah. Al ver la ciudad, la ciudad que mató a los profetas y apedreó a los que Dios había enviado, Jesús lloró (Lc 19.41).

El llanto de Jesús fue convulsivo. Fue un llanto dolido de alguien que pierde a un miembro de la familia. Jesús no solo lloró, también explicó el motivo de sus lágrimas:

> *¡Oh, si también tú conocieses, al menos en este tu día, lo que es para tu paz! Mas ahora está encubierto de tus ojos. Porque vendrán días sobre ti, cuando tus enemigos te rodearán con vallado, y te sitiarán, y por todas partes te estrecharán, y te derribarán a tierra, y a tus hijos dentro de ti, y no dejarán en ti piedra sobre piedra, por cuanto no conociste el tiempo de tu visitación* (Lc 19.42-44).

Jesús llora porque la ciudad que mató a los profetas también lo llevaría a la cruz. La ciudad que oyó la voz de Dios y vio los milagros de Dios cerró su corazón a la oferta de la gracia. Por eso recibiría el látigo del juicio. Jerusalén dentro de algunos años sería cercada por los romanos, invadida, pasada a filo de espada, y los judíos serían dispersos por el mundo, en la mayor diáspora de todos los tiempos, o sea, desde el año 70 d.C. hasta el 14 de mayo de 1948, cuando Israel volvió a su tierra como una nación. ¡Oh, cuánto dolor, cuánto sufrimiento, cuántas tragedias, cuántas guerras, cuántas masacres, cuántos holocaustos frente a la historia de su pueblo estaban siendo vistos a través de las lágrimas del Hijo de Dios!

Hasta el capítulo 12 del Evangelio de Juan, Jesús se dirigió al pueblo. Enseñó e hizo milagros. Pero, ante el rechazo de la oferta de la gracia, el Hijo de Dios no se dirige más al pueblo. Ordena a Pedro y Juan que preparen un lugar para realizar la cena de la Pascua. En seguida, Jesús va con sus discípulos al aposento alto, una amplia sala en el monte de Sion. El clima era tenso. Los discípulos sabían que en los bastidores la muerte de Jesús estaba siendo tramada. Dentro del aposento, Jesús informó a los discípulos que partirá con el Padre.

Pedro llama a Jesús Señor, pero se niega a que le lave los pies

Era costumbre de los judíos lavarse los pies y las manos antes de sentarse a la mesa. Ellos habían venido de Betania. Sus pies estaban sucios de polvo. Ese era el servicio del esclavo más humilde de la casa. ¿Quién tomaría esa iniciativa? ¿Quién se inclinaría para lavar los pies de los otros? Ningún discípulo toma la decisión. Ese era un papel demasiado humillante para ellos. Lejos de vestirse con el delantal de la humildad, los discípulos disputaban quién era el mayor, o el más importante, o quien debía recibir mayor prestigio. Mientras Jesús pensaba en la cruz, ellos querían la corona. Mientras Jesús se concentraba en dar su vida, ellos disputaban por el prestigio. Mientras Jesús estaba dispuesto a morir por ellos, ellos buscaban gloria para sí mismos. Jesús, entonces, los confronta, no con palabras, sino con una acción. Levantándose de la mesa, toma un lebrillo con agua y, ciñéndose con una toalla, comienza a lavar los pies de los discípulos.

Los discípulos están confundidos, perplejos, avergonzados. No podían esperar una actitud de esas de aquel que llaman maestro o Señor. Pensaban que ese papel no era compatible con su grandeza. Jesús se estaba humillando demasiado. Cuando Jesús llega ante Pedro para lavarle los pies, este rehúsa terminantemente diciendo: *Señor, ¿tú me lavas los pies?* (Jn13.6). Es como si Pedro estuviera diciendo que, habiendo hablado con sus compañeros de grandeza, jamás podría aceptar que Jesús asumiera el papel de esclavo para servirlo. Jesús, entonces, le dice: *Lo que yo hago, tú no lo comprendes ahora; mas lo entenderás después* (Jn 13.7). Pedro, una vez más, interfiere diciendo: [...] *No me lavarás los pies jamás* [...] (Jn 13.8) Pero Jesús le respondió: [...] *Si no te lavare, no tendrás parte conmigo* [...] (Jn 13.8). Pedro le pidió: [...] *Señor, no sólo mis pies, sino también las manos y la cabeza* (Jn13.9). Jesús le declaró: *El que está lavado, no necesita sino lavarse los pies, pues está todo limpio; y vosotros limpios estáis, aunque no todos* (Jn 13.10). Pedro siempre fue un hombre intenso. Con él era todo o nada. Como un columpio, oscilaba de un extremo al otro.

Después de lavar los pies de los discípulos, Jesús volteó hacia la mesa y les dijo: *Vosotros me llamáis Maestro, y Señor; y decís bien, porque lo soy. Pues si yo, el Señor y el Maestro, he lavado vuestros pies, vosotros también debéis lavaros los pies los unos a los otros* (Jn 13.13-14). La humildad no deshace la grandeza; la realza. El servicio no ofende al que es grande; lo promueve. En el reino de Dios la pirámide está invertida. Ser grande es ser pequeño; ser el mayor es ser el siervo de todos. Con eso, Jesús estaba reprobando el orgullo de los discípulos, pues, en el mismo instante que Jesús caminaba hacia la cruz, los discípulos se estaban disputando la corona. En la misma proporción en que Jesús estaba ofreciendo su vida, los discípulos estaban disputando la primacía. En la misma medida que Jesús estaba entregando su gloria para morir en lugar de los pecadores, los discípulos estaban buscando gloria para sí mismos. Pedro era la síntesis de ese orgullo y de esa contradicción. Pedro, sin embargo, no es un personaje aislado en la historia. Él está presente en nosotros. Su corazón late en nuestro pecho, y su sangre corre en nuestras venas. Tenemos su ADN. ¡Nosotros somos Pedro!

Vamos a detenernos un poco más en ese pasaje de Juan 13. Aquí hay algunas verdades que necesitan ser recalcadas. Jesús nos enseña en ese episodio que los privilegios no implican orgullo, sino humildad. Jesús sabía quién era. Sabía de dónde venía y hacia dónde estaba yendo. Sabía su origen y su destino. Sabía que era Rey de reyes, el Hijo del Dios altísimo. Sabía que el Padre había confiado todo en sus manos y que era el soberano del universo. Sin embargo, su majestad no lo llevó a la exaltación propia, sino a la humillación más profunda. Lo que sabía determinó lo que hizo. Su humildad no procede de su pobreza, sino de su riqueza. Siendo rico, él se hizo pobre. Siendo Rey, él se hizo siervo. Siendo Dios, él se hizo hombre. Siendo el soberano del universo, se ciñó con una toalla y lavó los pies de sus discípulos.

Ah, ¡cómo necesitamos esa lección de Jesús hoy! Tenemos hoy muchas personas grandes en la iglesia, pero pocos siervos. Mucha gente en el pedestal, y pocas inclinadas con el lebrillo y la toalla en la mano. Mucha gente queriendo ser servida, pocas listas a servir. La humildad de Jesús reprende nuestro orgullo. El mundo está lleno de gente que está de pie sobre su dignidad, cuando debería estar arrodillada a los pies de sus hermanos.

Tres puntos merecen destacarse en ese episodio:

La perplejidad de Pedro (Jn 13.6). El Señor está arrodillado ante sus discípulos, lavando sus pies polvorientos. Incluso ellos podrían lavarle los pies a Jesús como hizo María en Betania con el caro perfume, pero ¿Jesús lavando sus pies? Pedro completamente perplejo pregunta a Jesús *Señor, ¿tú lavarás mis pies?* Pedro revela en este texto una vez más su temperamento ambiguo y contradictorio. En un momento prohíbe a Jesús lavarle los pies; y en otro momento quiere ser lavado de pies a cabeza. Pedro no entiende lo que Jesús está haciendo. Él ve, pero no comprende. Su corazón estaba bien, pero su cabeza completamente mal. Pedro tenía más amor que conocimiento, más sentimiento que discernimiento espiritual. Al mismo tiempo que llama a Jesús Señor, le dice: *Nunca lavarás mis pies.* Pedro estaba equivocado en cuanto al estado de humillación de Cristo; se equivocó también en cuanto al acto realizado por Jesús. Él pensó en un hecho literal, mientras Jesús estaba hablando de una purificación espiritual. El lenguaje de Jesús aquí es el mismo del capítulo 3, cuando habló con Nicodemo sobre el nacimiento espiritual; es el mismo del capítulo 4, cuando habló a la mujer samaritana sobre el agua espiritual; y del capítulo 6, cuando habló del pan espiritual. Ahora Jesús trata sobre la limpieza espiritual.

La incomprensión de Pedro (Jn 13.7-8). Jesús responde a Pedro que su acción solo sería comprendida por él más tarde. En ese momento Pedro no estaba alcanzando el significado espiritual del gesto de Jesús. Veía solo un acto físico, un servicio incompatible con la grandeza de su maestro. Pedro necesitaba comprender lo que significaba ser lavado por Cristo. Jesús no estaba hablando de un lavamiento físico, sino espiritual. Quien no sea lavado, purificado, justificado y santificado por Cristo no tiene parte con él (1Cor 6.11). Cristo necesita lavarnos si queremos reinar con él en su gloria. El significado de este pasaje es simple, pero muy profundo: "Pedro, a menos que, por medio de mi obra completa de humillación – de la cual el lavado de pies es apenas una parte – yo te limpie de tus pecados, no participarás conmigo de los frutos de mi mérito redentor. Los dos eventos – lavamiento de pies y crucifixión – son, de hecho, de la misma cualidad. El Mesías asume el papel de siervo despreciado para el bien de otros. Judas no estaba limpio, o sea, él no había sido transformado, convertido.

La súplica de Pedro (Jn 13.9-11). Pedro salta de un extremo al otro. Esa era una característica de su personalidad. Como un balancín, oscilaba de un lado a otro (Mt 14.28, 30; 16.16, 22; Jn 13.37; 18.17, 25). Pedro no quería que solo sus pies fueran lavados, quería un baño completo. Jesús responde que eso no era necesario. El baño (símbolo de la salvación) ya había sucedido. Él necesitaba ahora purificación (símbolo de la santificación). Pedro necesitaba entender que la salvación no necesita rectificación. La salvación no es un regalo que se recibe hoy y se pierde mañana. ¡La salvación es eterna! Quien ya se bañó no necesita sino lavarse los pies. La salvación es un regalo eterno. La palabra griega para "lavar" en los versículos 5, 6, 8, 12 y 14 es *nipto* y significa "lavar una parte del cuerpo", pero la palabra griega para "lavar" en el versículo 10 es *louo* y significa "lavar el cuerpo completamente". La distinción es importante, porque Jesús estaba enseñando a sus discípulos la importancia de un andar santo. Cuando un pecador confía en Jesús, es lavado completamente y sus pecados son perdonados (1Cor 6.9-11; Tit 3.3-7; Ap 1.5). Dios nunca más recuerda esos pecados (Heb 10.17). Con todo, como los creyentes andan en este mundo, son contaminados y necesitan ser purificados. No necesitan ser justificados de nuevo, pero sí de constante purificación. Dice la Escritura: *Si confesamos nuestros pecados, él es fiel y justo para perdonar nuestros pecados, y limpiarnos de toda maldad* (1Jn

1.9). Cuando andamos en la luz, tenemos comunión con Cristo. Cuando somos purificados, andamos en intimidad con Cristo. El lavado es una referencia a la cancelación inicial del pecado y la purificación de la culpa que es recibida en la regeneración, mientras que el lavado repetido de los pies corresponde a la remoción regular de la impureza incidental de la conciencia por la confesión de los pecados a Dios y por una vida de acuerdo con su Palabra.

Pedro necesitaba entender que los salvos necesitan de continua purificación. Necesitamos ser lavados continuamente y purificados de nuestras impurezas. La misma sangre que nos lavó en nuestra conversión, ahora nos purifica diariamente en nuestra santificación. Esa verdad puede ser ilustrada por el sacerdocio del Antiguo Testamento. En su consagración, el sacerdote era bañado por completo (Éx 29.4), un ritual realizado una sola vez. Sin embargo, era normal que se contaminara cuando ejercía su ministerio diario, de modo que necesitaba lavar sus manos y sus pies en el lavacro de bronce que estaba en el atrio (Éx 30.18-21). Solo entonces podía entrar en el santuario para cuidar las lámparas, comer el pan de la proposición y quemar incienso.

La clave de ese pasaje es Juan 13.17: *Si sabéis estas cosas, bienaventurados seréis si las hiciereis*. La secuencia es importante: humildad, santidad y felicidad. La felicidad es el resultado de una vida manejada dentro de la voluntad de Dios. Jesús había enseñado a sus discípulos acerca de la humildad del servicio, pero ahora les da una lección práctica. Vamos a destacar aquí tres puntos:

La lección sublime (Jn 13.12-14). Al terminar de lavar los pies de los discípulos, Jesús regresó a la mesa y preguntó si los discípulos habían entendido la lección. Él afirmó: *Vosotros me llamáis Maestro, y Señor; y decís bien, porque lo soy. Pues si yo, el Señor y el Maestro, he lavado vuestros pies, vosotros también debéis lavaros los pies los unos a los otros* (Jn 13.13-14). Los discípulos tenían una clara comprensión de quién era Jesús. Lo llamaban Maestro y Señor. La teología de ellos era acertada. Lo tenían en la más alta estima. Sabían que él era el propio Hijo de Dios, el Mesías, el Salvador del mundo. Pero sin dejar de ser Maestro y Señor, Jesús les lavó los pies. Si él, siendo el mayor, hizo el servicio del menor, ellos debían servirse unos a otros en lugar de discutir quién era el mayor entre ellos. Jesús acaba con la disputa por el prestigio aquí y deshace las tiendas de la feria de vanidades. En vez de buscar gloria para nosotros mismos, debemos equiparnos con el lavabo y la toalla para servirnos unos a otros.

El ejemplo supremo (Jn 13.15-16). Jesús no era un sastre de lo efímero, sino el escultor de lo eterno. Él no enseñó solo con palabras, sino también sobre todo con su ejemplo. El ejemplo no es la única forma de enseñar, pero es la forma más eficaz de hacerlo. Si el siervo no es mayor que su Señor y su Señor lo sirve, entonces los siervos no tienen excusas para no servirse unos a otros. El siervo no es mayor que su Señor; así, si el Señor se convierte en siervo ¿qué se hace de los siervos? ¡Quedan al mismo nivel que el Señor! Al convertirse en un siervo, Jesús no nos empujó hacia abajo; ¡él nos elevó! Dignificó el sacrificio y el servicio.

El resultado extraordinario (13.17). La vida cristiana no se limita al conocimiento de la verdad. El conocimiento necesita desembocar en obediencia. La felicidad no está solo en conocer, sino, sobre todo, en practicar lo que se sabe, pues el hombre no es lo que sabe ni lo que siente, sino lo que hace.

Haciendo promesas que no pueden cumplir

A pesar de todas la flaquezas y contradicciones de Pedro, él era un líder y, por eso estaba más que los otros en la mira de Satanás. Jesús le advirtió: *Simón, Simón, he aquí Satanás os ha pedido para zarandearos como a trigo; pero yo he rogado por ti, que tu fe no falte; y tú, una vez vuelto, confirma a tus hermanos* (Lc 22.31-32). Pedro no tenía fuerzas propias para enfrentar ese ataque espiritual. Sin la intercesión de Cristo, su derrota sería inevitable. Es la intercesión por nosotros que nos fortalece en esa lucha.

De camino al Getsemaní, Jesús dirige su palabra no solo a Pedro, sino también a los demás discípulos: *Todos vosotros os escandalizaréis de mí esta noche; porque escrito está: Heriré al pastor, y las ovejas del rebaño serán dispersadas. Pero después que haya resucitado, iré delante de vosotros a Galilea* (Mt 26.31-32). La supuesta fidelidad de los discípulos se desvanecería como la niebla. Bajo el fuego de la prueba, ellos se dispersarían. En el momento más crucial de la historia, se disolverían cobardemente.

Ante el silencio sepulcral del grupo, Pedro, con autoconfianza arrogante, dijo: [...] *Aunque me sea necesario morir contigo, no te negaré* [...] (Mt 26.35). Marcos registra: *Mas él con mayor insistencia decía: Si me fuere necesario morir contigo, no te negaré* [...] (Mr 14.31). Lucas da el mismo énfasis: *Señor, dispuesto estoy a ir contigo no sólo a la cárcel, sino también a la muerte* (Lc 22.33).

Pedro se creía fuerte. El creía que era una roca, pero era polvo. Negó su nombre, su apostolado, sus convicciones, porque confió exageradamente en sí mismo. En lugar de ser humilde, Pedro aquí insinúa ser más fiel que sus pares. Se proyecta por encima de sus condiscípulos. Afirma ser más leal que los demás. La raíz de esa afirmación tan confiada es la soberbia espiritual. Es como si Pedro estuviera diciendo: "Señor, yo no creo que tus otros discípulos sean lo suficientemente fuertes para enfrentar esa situación. Pero conmigo Señor, puedes contar. Yo no voy a fracasar. Nada me va a sacudir. No me intimido con ninguna amenaza. Si hubiera una estampida general, no huiré. Si hubiera una deserción total, yo no retrocederé. Yo soy un hombre fuerte y valiente, la cuerda no va a ceder de mi lado". Pedro se consideró mejor que los otros. El evangelista Marcos escribe: *Aunque todos se escandalicen, yo no* (Mr14.29). Mateo corrobora: *Aunque todos se escandalicen de ti, yo nunca me escandalizaré* (Mt 26.33).

El orgullo, sin embargo, es la sala de espera del fracaso. El orgullo es el primer paso en falso para una caída vertiginosa. Confiar en sí mismo y juzgarse mejor que otros es locura consumada. Juzgarse invulnerable y colocarse en un pedestal por encima de los demás es una tontería flagrante.

Lejos de confiar en las palabras de Pedro, Jesús le replica: *De cierto te digo que esta noche, antes que el gallo cante, me negarás tres veces* (Mt 26.34). Jesús está reafirmando el principio que la soberbia precede a la ruina. Nunca somos tan vulnerables como cuando nos juzgamos más fuertes que los otros. Nunca somos tan vulnerables como cuando nos sentimos blindados a cualquier peligro. La fuerza del hombre es nula. La valentía del hombre es débil. La autoconfianza arrogante es terreno resbaladizo. Pedro no solo negó a Jesús, lo negó la misma noche en que profesó su lealtad. Pedro no solo negó a Jesús, lo negó tres veces. Pedro no solo negó a Jesús, lo negó con juramentos y blasfemias. Pedro no solo negó a Jesús, lo negó delante de aquellos que se burlaban de Él. La exaltación de Pedro se convirtió en tierra movediza debajo de sus pies. Su valor se esfumó como polvo. Su promesa sólida se convirtió en agua.

Lejos de Pedro caer en sí y clamar por la misericordia de Dios, dio un paso más al fracaso cuando resaltó aún más su petulancia y altivez. Pedro dijo a Jesús: [...] *Aunque me sea necesario morir contigo, no te negaré. Y todos los discípulos dijeron lo mismo* (Mt 26.35). Pedro promete estar listo, no solo para estar al lado de Jesús delante de la gente, sino aún para morir por él. Dice con todas las letras que prefiere morir a negar a Jesús. Deja claro que el martirio es mejor que la apostasía. Sus pares, envalentonados por esa promesa osada, afirman lo mismo. Pedro lideraba a sus amigos incluso cuando era un fanfarrón ensimismado. Sus pares seguían sus pasos incluso cuando él no sabía lo que decía.

Dormido en el frenesí de la batalla

Jesús no continuó la charla con Pedro. Ya había descendido del monte Sion y pasado por el valle del Cedrón. Ahora se sumerge en las estribaciones del monte de los Olivos y entra en el jardín del Getsemaní, en medio de los olivos. La noche estaba oscura. Afuera del jardín, se oía el alboroto de la multitud que inundaba las calles de Jerusalén.

Al entrar en el Jardín, Jesús dice a sus discípulos: [...] *Sentaos aquí, entre tanto que voy allí y oro* (Mt 26.36). La batalla más reñida de la humanidad se pelearía esa noche. Aunque siendo el Hijo de Dios, Jesús no enfrentó esa gran guerra sin oración. La oración es el arma de guerra. Cuando oramos, Dios pelea por nosotros. Cuando oramos somos revestidos con poder de lo alto. Cuando oramos, somos capacitados con poder para enfrentar los grandes embates de la vida.

Jesús llevó con él a Pedro y los hijos de Zebedeo, Santiago y Juan. En ese momento, comenzó *a entristecerse y a angustiarse* (Mt 26.37). El infierno entero lanzaba sobre Jesús una bocanada con olor a azufre. Satanás, con toda su furia, trataba de impedir que Jesús hiciera la voluntad del Padre. Una angustia indescriptible tomó a Jesús. Él admitió esa angustia a sí mismo (Mt 26.37), a sus discípulos (Mt 26.38) y ante el Padre (Mt 26.39). No era cualquier angustia, estaba *muy triste, hasta la muerte* (Mt 26.38). Jesús llega al punto de pedir la presencia de Pedro, Santiago y Juan y también la vigilancia de ellos. ¡Jesús quería solidaridad!

El Getsemaní fue el campo donde Jesús peleó una encarnada batalla espiritual. Siete hechos deben ser aquí destacados:

Primero, el Getsemaní fue el terreno de la más profunda tristeza de Jesús. El único lugar en la Escritura que Jesús admite para sí, a otros, y al Padre que está invadido por una profunda tristeza, por una angustia de muerte. Esa angustia no era porque desconocía el futuro ni por ser sorprendido por el atroz dolor, sino por saber que su alma inmaculada sería derramada en la muerte, y cargaría en su cuerpo, sobre el madero, nuestros pecados.

Segundo, el Getsemaní fue el campo de la oración más fervorosa. Mientras los discípulos dormían, Jesús libraba la más reñida batalla. Él enfrentó esa faena de rodillas dobladas con el rostro en tierra, clamando al Padre. Su oración fue perseverante, intensa y sumisa. Oró tres veces, siempre colocándose en las manos del Padre, para hacer su voluntad.

Tercero, el Getsemaní fue el escenario de las lágrimas más copiosas del Hijo de Dios. Jesús lloró tres veces en su ministerio. Las tres veces sucedieron al final de su ministerio, en su último viaje a Jerusalén. Lloró en la tumba de Lázaro (Jn 11.35), lloró al entrar a Jerusalén (Lc 19.41) y lloró en el Getsemaní (Heb 5.7). Sus lágrimas fueron copiosas. Lloró no por miedo al dolor físico, sino porque al tomar nuestro lugar él se hacía pecado por nosotros, fue privado de la intimidad con el Padre y desamparado por él.

Cuarto, el Getsemaní transformó el jardín en un desierto de soledad. Jesús dijo muchas cosas a las multitudes. Cuando partió el pan, lo hizo solo en la presencia de los discípulos. Cuando comenzó a entristecerse, estaba solo con sus tres discípulos más allegados. Pero cuando sudaba sangre postrado sobre sus rodillas, ofreciendo al Padre fuertes súplicas con gran clamor y lágrimas, estaba absolutamente solo.

Quinto, el Getsemaní se convirtió en el campo de la más profunda sumisión. Jesús rogó al Padre tres veces que apartara de él el cáliz. Pero ¿qué cáliz era ese? ¿por qué rogó Jesús al Padre para no beber ese cáliz? ¿será que ese cáliz era su prisión humillante en el jardín del Getsemaní? ¿será que ese cáliz eran los escupitajos y las bofetadas sufridas en el Sanedrín? ¿será que ese cáliz eran los latigazos sufridos en el pretorio romano? ¿será que ese cáliz era la ignominiosa corona de espinas que herirían su frente? ¿será que ese cáliz era caminar por las calles de Jerusalén bajo los vítores y abucheos de una multitud enloquecida y sedienta de sangre? ¿será que ese cáliz era el sufrimiento atroz de la cruz? Mil veces ¡No! Ese cáliz era la ira de Dios que debía caer sobre nuestra cabeza por causa de nuestros pecados. Jesús sorbió cada gota de ese cáliz amargo. Él llevó sobre sí nuestros pecados. Él fue golpeado por la ley en nuestro lugar. Él fue herido y traspasado por nuestras iniquidades. Le agradó al Padre molerlo. Él murió nuestra muerte. Tres veces oró Jesús, pero se colocó de forma sumisa en las manos del Padre para realizar su eterna y santa voluntad.

Sexto, el Getsemaní fue el lugar de la más bendita consolación. El ángel de Dios vino del cielo, en la hora de angustia más profunda, cuando Jesús mojó el suelo con sus lágrimas y regó la tierra con su sangre, para consolarlo. El Getsemaní no solo es el lugar de llanto, sino también de consuelo. Siempre habrá consuelo de Dios para aquellos que se someten a su voluntad.

Séptimo, el Getsemaní es el campo de la más espléndida victoria. Jesús se levantó de sus rodillas, no como un hombre vencido por el desánimo. Más bien emergió firme, resuelto, determinado a caminar hacia la cruz como un rey camina a su coronación. Él no fue preso; él se entregó. Él no fue capturado por sus verdugos; él se presentó. Jesús no fue a la cruz porque los sacerdotes lo arrestaron por envidia. Él no fue a la cruz porque Pilato lo sentenció por cobardía. Él fue a la cruz porque se entregó por amor.

Pero ¿cómo estaba Pedro en ese escenario? ¿qué actitudes mostró Pedro luego de afirmar a Jesús que jamás lo abandonaría y que estaba listo para ir con él hasta la misma muerte? Al entrar en el Getsemaní, Jesús llamó a Pedro, Santiago y Juan para acompañarlo algunos pasos adelante. Entonces, les abrió su corazón diciendo que estaba muy triste. Les pidió que se quedaran con él. Avanzó un poco más y comenzó a librar esa batalla de oración. Pero Pedro y sus amigos fueron tomados por el sueño y no lograron mantenerse despiertos. En la hora más decisiva de la vida de Jesús, Pedro olvidó sus promesas. Pedro se rindió al sueño. Mateo registra: *¿Así que no* *habéis podido velar conmigo una hora? Velad y orad, para que no entréis en tentación; el espíritu a la verdad está dispuesto, pero la carne es débil* (Mt 26.40-41). Pedro abandonó a su Maestro. Pedro durmió el sueño del escape. Mientras Jesús oraba y lloraba, Pedro dormía. Mientras Jesús luchaba por hacer la voluntad del Padre, Pedro se entregaba a los dictámenes de la carne y no velaba con su espíritu. Pedro habla, pero no hace. Promete, pero no cumple. Presume valor, pero en la práctica revela cobardía.

Tres veces Jesús fue a despertar a Pedro, y él se aferró al sueño nuevamente. Mientras Jesús estaba determinado a hacer la voluntad del Padre, Pedro estaba olvidando determinadamente su compromiso, rendido al sueño cobarde. Pedro fracasó una vez más. Sus hechos no fueron garante de sus palabras.

Demostrando una valentía carnal

Cuando la turba comandada por Judas Iscariote entraba en el jardín del Getsemaní, armada hasta los dientes, con el propósito de arrestar a Jesús, Pedro fue despertado del sueño por Jesús. Atortolado con la situación, se levantó con dificultad para enfrentar aquel conflicto. El evangelista Juan registra: *Entonces Simón Pedro, que tenía una espada, la desenvainó, e hirió al siervo del sumo sacerdote, y le cortó la oreja derecha. Y el siervo se llamaba Malco* (Jn 18.10).

Porque Pedro no oró, no estaba preparado para afrontar aquella lucha. Pensó que se trataba de un conflicto armado, en el que debían medir fuerzas con sus huestes enemigas. Por eso, sacó su espada y cortó la oreja de Malco, siervo del sumo sacerdote. Su valentía carnal era una evidencia abrumadora de su debilidad espiritual. Pedro estaba entrando en la batalla equivocada, contra las personas equivocadas, con armas equivocadas, y por los motivos equivocados. Pedro perdió el control emocional, el equilibrio y no discernió la naturaleza de la batalla que estaba enfrentando. No tuvo dominio propio. Jesús muestra a Pedro que su camino era la cruz (Jn 18.11). La orden de Jesús es expresa: *Mete tu espada en la vaina; la copa que el Padre me ha dado, ¿no la he de beber?* (Jn 18.11). Y agregó: [...] *porque todos los que tomen espada, a espada perecerán* (Mt 26.52).

Sin oración, no hay discernimiento. Sin oración, no hay poder. Sin oración, no hay victoria. *Porque no tenemos lucha contra sangre y carne, sino contra principados, contra potestades, contra los gobernadores de las tinieblas de este siglo, contra huestes espirituales de maldad en las regiones celestes* (Ef 6.12). Esos enemigos, aunque invisibles, son reales. Aunque inalcanzables con armas convencionales, son bastante peligrosos. No luchamos contra gente. No vencemos esa pelea hiriendo con la espada a aquellos que conspiran contra nosotros. Detrás de esas personas hay agentes malignos que las manipulan. Cuando no discernimos la naturaleza de esa guerra espiritual, corremos el riesgo de hacer al enemigo, aliado, y del aliado, enemigo.

El Pedro que no oyó la orden de Jesús de velar y orar es ahora reprendido por él. Pedro debe guardar su espada, porque era el arma equivocada en ese escenario.

No se trataba de un combate corporal. Allá no se estaban midiendo fuerzas. Aquella hora ya estaba agendada. No se había salido del plan. Jesús ya había dicho a los discípulos que sería entregado en manos de pecadores (Mt 16.21). Esa hora había llegado (Jn 17.1). Jesús no fue arrestado; él se entregó, y lo hizo voluntariamente. Su arresto no sucedió porque sus enemigos prevalecieron. Jesús no fue arrestado porque se volvió impotente e incapaz para defenderse. Jesús no fue atado y llevado a la casa del sumo sacerdote porque fue una víctima del sistema religioso corrupto aliado con un gobierno tirano. La prisión de Jesús estaba en la agenda del Padre, trazada desde la eternidad. Aquellas horas ya estaban marcadas. Los verdugos no actuaron, a pesar del plan divino. La prisión de Jesús no sucedió en contra del decreto eterno. Aunque los pecadores eran totalmente responsables por sus actos malignos, no frustraron el plan divino (Hch 2.23). Todo estaba determinado desde los tiempos eternos. Porque Pedro no oró, no discernió la naturaleza de la lucha que estaba siendo librada. Porque Pedro no oró, quiso cambiar la realidad de un plan que estaba trazado desde la eternidad. Porque Pedro no oró, trató de frustrar una vez más la disposición de Jesús de ir a la cruz.

Jesús fue enfático con Pedro, diciéndole que si hubiera sido necesario ese tipo de intervención militar, hubiera rogado al Padre y él le enviaría más de doce legiones de ángeles, o sea, más de 72 mil ángeles, para acabar con toda acción de sus enemigos (Mt 26.53). ¿Por qué no hizo esa petición? Porque su prisión no fue un accidente, sino agendada. Su prisión no fue una sorpresa, ni su muerte un accidente. Todo estaba profetizado, y ni una coma de ese plan podría ser alterado.

Jesús sanó a Malco, colocando la oreja cortada en su lugar (Lc 22.51). Si no fuera por la intervención del Maestro, posiblemente hubiera habido cuatro cruces en el Calvario, y no tres. Con eso, Jesús perdona a Pedro y demuestra misericordia al soldado destinado a arrestarlo. La misericordia de Cristo es tal que la demuestra a aquellos que quieren hacerle daño. Él ama incluso a sus enemigos y se compadece de ellos.

Mientras Pedro estaba dispuesto a matar a Malco, Jesús estaba dispuesto a sanarlo. Mientras Pedro quería sangre, Jesús trabajaba por la cura. Mientras el corazón de Pedro era un pozo de odio, el corazón de Jesús era una fuente de amor y perdón.

Siguiendo a Jesús de lejos

En aquella fatídica noche cuando Jesús fue traicionado, oró con lágrimas y manchó la tierra con su sangre. En aquella misma noche, cuando Jesús fue arrestado y llevado a empujones a la casa del sumo sacerdote donde estaba reunido el Sanedrín para condenarlo a muerte, todos los discípulos de Jesús huyeron cobardemente. La profecía se cumplió. El pastor fue herido, y las ovejas se dispersaron (véase Mr 14.50).

Pedro no tuvo el valor de cumplir sus promesas. Sus palabras no tenían el peso de la lealtad. Le prometió a Jesús ir con él a prisión y hasta la muerte, pero ahora se cuela en las sombras de la noche, escondiéndose detrás de los olivos del jardín, siguiendo a Jesús de lejos. Mateo registra: *Mas Pedro le seguía de lejos* [...] (Mt 26.58). Pedro siguió de lejos porque no tenía el coraje de comprometerse. Siguió de lejos porque se acobardó a la hora del peligro. Siguió de lejos porque mientras quería ver el resultado de la situación no quería involucrarse con Jesús. Para salvarse a sí mismo no se acercó. Para evitar involucrarse, se escabulló. Para librarse de una prisión inmediata y una condena segura, prefirió convertirse en un seguidor anónimo.

Pedro no quería perder a Jesús de vista. No estaba dispuesto a abandonarlo para siempre, pero tampoco tenía disposición para seguirlo de cerca. Prefirió el terreno neutro. Prefirió salvar su vida. Nada de complicaciones. ¡Nada de aventuras! ¡Nada de riesgos! La cobardía sobrepasó su lealtad. Sus palabras robustas de fidelidad incondicional se convirtieron en cobardía consumada. Sus promesas seguras se deshicieron como la niebla. Pedro no es un gigante, sino más bien un enano espiritual. Se creía mejor que los otros, pero ahora ni siquiera tenía el valor para asumir su relación con el carpintero de Nazaret. Sus actitudes pusilánimes apagaron la elocuencia de sus audaces palabras. Su estructura de granito se convirtió en polvo. Pedro no es un héroe; más bien, un debilucho. ¡Pedro no es un mártir; es un traidor!

Sentándose en la silla de los escarnecedores

Por influencia de Juan, relacionado con el sumo sacerdote, Pedro logra entrar al patio de la casa del sumo sacerdote. Allí estaban presentes los guardias, las criadas, los que servían a los jefes de los sumos sacerdotes, los que servían al Sanedrín, la suprema corte de los judíos, reunidos aquella noche para juzgar y condenar a Jesús.

Pedro se distanció de Jesús y se acercó a sus enemigos. Pedro siguió a Jesús de lejos, y buscó un lugar entre sus acusadores. Él puso los pies en el terreno resbaloso involucrándose con compañías peligrosas. Buscó calor en el lugar equivocado, a la hora equivocada, con las personas equivocadas. Lucas registra: Y *prendiéndole, le llevaron, y le condujeron a casa del sumo sacerdote. Y Pedro le seguía de lejos. Y habiendo ellos encendido fuego en medio del patio, se sentaron alrededor; y Pedro se sentó también entre ellos* (Lc 22.54-55).

Al sentarse en la silla de los escarnecedores (véase Sal 1.1), ¡Pedro bajó un escalón más en su caída! En el patio de aquella casa, el cuartel general de la oposición más hostil del Hijo de Dios, Pedro buscó un espacio junto a las brasas para mantener el calor. Se juntó a las personas que clavaron a Jesús. Disputó un lugar para disfrutar los beneficios del calor de esa fogata. Pedro caminó con sus propios pies en dirección a una arena movediza peligrosa para su alma. Allí en la silla de los escarnecedores, descendió un escalón más, cayó en otra pelea, fracasó en una prueba más, y se dirigió rápido a la derrota más rotunda.

Pedro estaba débil espiritualmente. No tenía envergadura moral para enfrentar valientemente aquella turba. Mientras trataba de calentar su cuerpo esa fría noche, enfrió su corazón. En la misma proporción en que se acercó a los burladores de Jesús, se alejó de Dios. Hay lugares y personas que es necesario evitar. Hay ambientes que son un terreno movedizo para los pies. La presencia de Pedro en la casa del sumo sacerdote ya era una señal elocuente de su caída espiritual. Hay puertas que nos llevan, no a campos abiertos de libertad, sino a los corredores de una oscura prisión. Aquellos que entran por la puerta ancha del pecado quedan presos y no consiguen salir. Se convierten en prisioneros. Solo Jesús es la puerta por donde las personas entran y salen a encontrar pastos. (Jn 10.9).

Hay un dicho popular que dice: "Dime con quién andas y te diré quién eres". El mismo Pedro que siguió a Jesús de lejos, se acercó a sus escarnecedores.

El libro de Salmos abre con la siguiente declaración: *Bienaventurado el varón que no anduvo en consejo de malos, ni estuvo en camino de pecadores, ni en silla de escarnecedores se ha sentado* (Sal 1.1). Pedro cayó porque estaba en el lugar equivocado, en compañía de personas equivocadas, dando respuestas equivocadas. Muchas personas, a semejanza de Pedro, tropiezan y caen porque se asocian con aquellos que deberían mantener a distancia. Compañías peligrosas arrastran a las personas a acciones peligrosas.

Negando a Jesús abiertamente

Pedro da un paso más camino al desastre cuando niega a Jesús delante de sus enemigos. Él negó, juró y habló blasfemias, afirmando categóricamente que no conocía a Jesús. El evangelista Mateo describe esa escena con colores vivos.

La primera negación sucedió cuando Pedro estaba en el interior del patio de la casa del sumo sacerdote, sentado entre los sirvientes (Mt 26.58), tomando calor al borde del fuego (Mr 14.53-54). Así lo registra Mateo: *Pedro estaba sentado fuera en el patio; y se le acercó una criada, diciendo: Tú también estabas con Jesús el galileo. Mas él negó delante de todos, diciendo: No sé lo que dices* (Mt 26.69-70). Una criada lo vio y lo denunció, afirmando que Pedro era uno de los seguidores de Jesús. Él lo negó rotundamente, frente a todos, diciendo que no sabía de qué estaba hablando la mujer. Su cobardía fue mayor que su promesa de fidelidad. La presión del miedo, el temor a las consecuencias y la flaqueza de su amor lo llevaron al naufragio de la fidelidad. Pedro niega a su Señor, niega su fe, niega su apostolado, niega su nombre. Pedro se acobardó en la hora más decisiva de la vida de Jesús.

Esa misma noche, en ese mismo lugar, los principales sacerdotes del Sanedrín estaban reunidos de forma ilegal para condenar a Jesús a muerte. Aquella reunión del Sanedrín, la suprema corte judía, era ilegal por varias razones. Primero, el Sanedrín no podía arrestar ni condenar a nadie durante la fiesta de la Pascua. Segundo, el Sanedrín no podía reunirse en la noche para juzgar y condenar a ningún prisionero. Tercero, el Sanedrín no podían condenar a nadie sin antes dar la oportunidad de defensa. El Sanedrín, además de contratar testigos falsos contra Jesús, no oyó ningún testimonio a su favor. Aquel tribunal era un simulacro de juicio. Allí la justicia fue amordazada, y de ahí el inocente fue condenado a muerte.

La segunda negación de Pedro sucedió a la entrada de la casa del sumo sacerdote ante una criada. Mateo registra la escena con las siguientes palabras: *Saliendo él a la puerta, le vio otra, y dijo a los que estaban allí: También éste estaba con Jesús el nazareno. Pero él negó otra vez con juramento: No conozco al hombre* (Mt 26.71-72). Ambas criadas se refirieron a Jesús como galileo y nazareno respectivamente. Esas referencias no tenían la intensión de identificar la procedencia geográfica de Jesús, sino, sobre todo, darle un efecto negativo, con indicios de prejuicio. Los galileos eran vistos en Jerusalén como ciudadanos de segunda clase, un pueblo atrasado, pobre, enfermo y poseído. "Nazareno" era, en la boca de la criada, una palabra peyorativa, pues el entendimiento de la época era que nada bueno podía haber salido de Nazaret.

La criada ni le habla a Pedro. Ella habla con los que estaban en la entrada, afirmando que él estaba con Jesús, el nazareno. El mismo Pedro que ya había negado firmemente la primera vez, ahora hace juramentos diciendo: *No conozco a ese hombre*. Pedro no solo niega a Jesús, sino que lo hace jurando. Da la certeza que Jesús es para él un desconocido. Pedro rompe todos sus vínculos con Jesús. Rompe su compromiso y retrocede en su fidelidad. El miedo a las consecuencias palidece su fe. Su cobardía se sobrepuso a su lealtad. Pedro es un fracaso. Su valentía era un simple ímpetu irreflexivo. Pero su miedo lo dominaba al punto de dominar sus palabras y forjar sus actos. Pedro hizo un solemne juramento además de una abierta mentira. Él jura por Dios y se apodera de la mentira, cuyo padre es el diablo.

La tercera negación de Pedro es más intensa, pues no viene solo de una criada como la primera vez, ni emana de una acusación directa de otra criada como la segunda vez. Ahora, todos aquellos que estaban a su alrededor lo miraron a los ojos y lo atacaron con hechos irrefutables. Así lo narra Mateo: *Un poco después, acercándose los que por allí estaban, dijeron a Pedro: Verdaderamente también tú eres de ellos, porque aún tu manera de hablar te descubre. Entonces él comenzó a maldecir, y a jurar: No conozco al hombre* (Mt 26.73-74). La acusación viene de la colectividad. No se trata de una insinuación aislada. Todos los presentes reconocen que Pedro era un discípulo de Jesús y lo dicen convencidos. Los transeúntes no solo lo acusan, sino que apoyan la acusación con pruebas irrefutables. El solo acento galileo de Pedro era inconfundible. Un galileo no lograría mantenerse anónimo con la boca abierta. Pedro tropezó no solo en sus palabras, también en su pesado acento galileo.

El mismo Pedro que ya había negado su vínculo con Jesús, echando mano de un juramento falso, ahora baja un escalón más en su vertiginosa caída, cuando maldice, blasfema y usa palabras torpes para sustentar su juramento.

Ya dentro de la casa del sumo sacerdote, el Sanedrín monta un esquema perverso para incriminar a Jesús. No estaba interesado en la verdad ni en la justicia. Más bien, buscaba un falso testimonio en su contra. Muchos falsos testimonios se presentaron, pero eran por demás inconsistentes. Al final, aparecieron dos testigos, afirmando: *Este dijo: Puedo derribar el templo de Dios, y en tres días reedificarlo* (Mt 26.61). Esos falsos testigos tramaron el error cuando dieron una interpretación diferente a las palabras de Jesús, diferente de aquella interpretada por el Señor, pues Jesús se refería al templo de su cuerpo, que moriría, pero al tercer día resucitaría gloriosamente.

El sumo sacerdote, con su astucia acostumbrada, trata de colocar a Jesús contra la pared, al preguntarle: *Y levantándose el sumo sacerdote, le dijo: ¿No respondes nada? ¿Qué testifican éstos contra ti?* (Mt 26.62). El silencio sepulcral de Jesús perturbaba más al sumo sacerdote que las palabras más elocuentes.

El sumo sacerdote aturdido con el silencio de Jesús dice: *Te conjuro por el Dios viviente, que nos digas si eres tú el Cristo, el Hijo de Dios* (Mt 26.63). *Jesús le dijo: Tú lo has dicho; y además os digo, que desde ahora veréis al Hijo del Hombre sentado a la diestra del poder de Dios, y viniendo en las nubes del cielo* (Mt 26.64). Jesús declara a sus enemigos lo que tantas veces había dicho a sus discípulos. Asume con firmeza inquebrantable su mesianidad. Aun sabiendo que esa declaración provocaría la furia más perversa de sus inquisidores, Jesús enfatiza su naturaleza divina, su posición de gobernante supremo del universo y su gloriosa venida. Los miembros del Sanedrín pensaban estar al control de la situación, manteniendo bajo cadenas a un prisionero indefenso, pero apenas estaban cumpliendo el plan eterno de Dios. No eran ellos o los verdugos los que estaban al control, sino el propio Jesús. Era Jesús, el prisionero en aquella desordenada corte, que estaba con las riendas en sus manos, y no sus interrogadores. No era Jesús el vencido en ese combate, sino las autoridades máximas de su pueblo.

Ante la declaración osada de Jesús, el sumo sacerdote rasgó sus vestiduras y dijo: *¡Ha blasfemado! ¿Qué más necesidad tenemos de testigos? He aquí, ahora mismo habéis oído su blasfemia. ¿Qué os parece? Y respondiendo ellos, dijeron: ¡Es reo de muerte!* (Mt 26.65-66). Los maestros judíos estaban seguros cuando afirmaban que ninguno puede hacerse Dios sin cometer el terrible pecado de blasfemia. Pero ellos estaban equivocados al no reconocer a Jesús como Dios, coigual, coeterno, y consustancial con el Padre. Ellos estaban equivocados al no reconocer a Jesús como Hijo del hombre, como el Mesías prometido. Estaban equivocados al no percibir que Jesús es el Hijo de Dios, el verbo eterno, personal, divino, creador y sustentador de la vida. Pensaron que Jesús era un embustero, un falso Cristo. Por eso, lo odiaron, acusaron y juzgaron: ¡Él era reo de muerte!

El descontrol tomó cuenta de los jueces. Los miembros del Sanedrín se convirtieron en una turba insana. Mateo registra con fuertes colores la escena: *Entonces le escupieron en el rostro, y le dieron puñetazos, y otros le abofeteaban, diciendo: Profetízanos, Cristo, quién es el que te golpeó* (Mt 26.67-68). Mientras Pedro está en el patio de la casa del sumo sacerdote, calentándose junto a los enemigos de Jesús, el Hijo de Dios estaba siendo escupido, aplastado y escarnecido por los miembros del Sanedrín.

La negación de Pedro es contrastada con una afirmación de Jesús. Mientras Jesús reafirma que es el Mesías, Pedro niega su apostolado. Mientras Jesús confirma ser el Hijo de Dios, Pedro niega conocerlo. Mientras Jesús está cercano a morir por causa de la verdad, Pedro está luchando para salvar su vida, echando mano a la mentira. Caminando resuelto a la muerte, Jesús es vencedor, al paso que Pedro huye desesperadamente de la muerte, y es un perdedor.

El canto del gallo

Tan pronto como Jesús bajó del aposento alto con sus discípulos hacia el huerto de Getsemaní, los alertó sobre la profecía de Zacarías: [...] *Hiere al pastor, y serán dispersadas las ovejas* (Zac 13.7). Jesús hace la aplicación de la profecía, diciéndoles: [...] *Todos vosotros os escandalizaréis de mí esta noche* [...] (Mt 26.31). La derrota generalizada de sus discípulos ante su encarcelamiento, condenación y muerte no fue una sorpresa para Jesús. Esa realidad ya estaba profetizada. Pedro, al oír ese relato afirmó que, aunque todos los otros discípulos sucumbieran, él jamás haría eso. Aunque todos se acobardaran a la hora del peligro, él jamás se dejaría abatir. Pedro, basado en su autoconfianza, se puso por encima de sus pares y prometió no escandalizarse con Jesús, aunque las circunstancias fueran las más adversas. Lejos de impresionarse con el robusto valor de Pedro, Jesús lo confronta con una realidad que desnudaría su ruidosa cobardía. *Jesús le dijo: De cierto te digo que esta noche, antes que el gallo cante, me negarás tres veces*

(Mt 26.34). La voz de la negación de Pedro anticiparía el canto del gallo aquella noche. Lejos de amar a Jesús más que los otros discípulos, mostrándole una fidelidad innegociable, Pedro se desplomó cuesta abajo, negando, jurando y blasfemando, diciendo no conocer a Jesús.

El canto del gallo fue la sirena que sonó en el alma de Pedro, alertándolo de su consumada debilidad. El mismo canto que rompió el silencio de aquella fatídica noche le recordó a Pedro su torpeza espiritual. Cuando el gallo cantó, Pedro ya había negado tres veces a Jesús. Mientras el ave cantaba, el discípulo de Jesús blasfemaba. Fue necesario que pedro oyera el gallo cantar para recordar las palabras de Jesús (Mt 26.74-75).

El mirar compasivo de Jesús

En el mismo instante en que Pedro niega a Jesús jurando e injuriando, en el mismo instante en que el gallo cantó para despertar la conciencia de Pedro, Jesús clava su mirada en él. Así lo describe Lucas:

> *Y Pedro dijo: Hombre, no sé lo que dices. Y en seguida, mientras él todavía hablaba, el gallo cantó. Entonces, vuelto el Señor, miró a Pedro; y Pedro se acordó de la palabra del Señor, que le había dicho: Antes que el gallo cante, me negarás tres veces. Y Pedro, saliendo fuera, lloró amargamente* (Lc 22.60-62).

La mirada de Jesús es de ternura y amor, es una mirada que penetra en el alma de Pedro para llevarlo al arrepentimiento. Jesús no rompe la caña quebrada ni apaga el pábilo que humea. La mirada de Jesús nos restaura. Hay un cántico espiritual que cuenta esa magnifica verdad:

> Una luz brilló en mi camino
> Cuando estaba triste y solo
> Fue su divino mirar, que me enseñó a amar
> Fue solo un minuto de su mirar.
>
> Fue solo un minuto, solo uno
> Fue solo un minuto de su mirar
> Todo en mí cambió, todo en mí cantó
> Fue solo un minuto de su mirar.
>
> Jesús cambió mi vida
> Nunca más seré el mismo
> Cuando yo miré la cruz, en ella yo vi a Jesús
> Fue solo un minuto de su mirar.

Jesús está mirándote hoy. Él está viendo tus palabras, tu vida, tu testimonio, los lugares a donde estás yendo, lo que estás haciendo, y hoy mismo puedes ser restaurado por el divino mirar del Señor Jesús. Tal vez, lector, puedas cantar:

> Viví tan lejos del Señor, así quise andar
> Hasta que encontré la luz en su divino mirar
> Su maravilloso mirar, su maravilloso mirar
> Transformó mi ser, todo mi vivir
> ¡Su maravilloso mirar!

El llanto de arrepentimiento de Pedro

El evangelista Marcos relata así ese episodio: *Pedro se acordó de las palabras que Jesús le había dicho: Antes que el gallo cante dos veces, me negarás tres veces. Y pensando en esto, lloraba* (Mr 14.72). Mateo corrobora: [...] *Y saliendo fuera, lloró amargamente* (Mt 26.75).

Pedro consideró que había negado a su Señor. Aquella noche fatídica, Pedro salió de la casa del sumo sacerdote pateando las piedras entre los olivos. Él fue a su casa con la conciencia ardiendo, destrozado, quebrantado y sin dejar de llorar. Pasó la noche sin dormir. Inundó su cama. Daba vueltas de un lado al otro sin poder conciliar el sueño. Pedro reflexionó sobre la excelencia de su Señor, a quien había negado. Pedro recordó el trato especial que había recibido como uno de los primeros, con Santiago y Juan. Pedro recordó que había sido solemnemente advertido por su Señor. Pedro recordó sus propios votos de fidelidad (Mr 14.29). Pedro lloró amargamente. La palabra griega usada para definir "amargamente" tiene el significado de "agua podrida". Pero, Pedro, a diferencia de Judas, no engulló el veneno. ¡Siempre hay esperanza para los que lloran el llanto de arrepentimiento!

Pensemos en nosotros: 1) en nuestro pequeño progreso en la vida espiritual; 2) nuestra negligencia con las almas de otros; 3) nuestra poca comunión con el Señor; 4) la pequeña gloria que estamos dando al gran nombre del Señor. Todo eso debería llevarnos a las lágrimas de arrepentimiento.

5

PEDRO,
un hombre restaurado por Jesús

Pedro se acobardó, negó a Jesús y lloró amargamente. Pedro salió de escena con miedo, escondiéndose de los judíos. En la fatídica noche del jueves, Pedro abandonó el recinto donde Jesús estaba siendo escupido y aplastado por los miembros del Sanedrín judío y desaparece en la bruma de la noche. Salió con la cara empapada de lágrimas, pateando piedras en medio de los olivos. Fue a casa atormentado por su debilidad. Aquella noche inundó su cama, dio vueltas de un lado al otro, viendo pasar la interminable madrugada. Había negado su fe, su apostolado, su nombre, a su Señor. Pedro había renunciado a todo, pero Jesús no había renunciado a Pedro.

La ausencia de Pedro

Esa noche tenebrosa, en que las autoridades judías se aliaron traicioneramente para condenar a Jesús, golpeándolo, juzgándolo y condenándolo, Pedro estaba ausente.

El viernes temprano el Sanedrín judío se reunió de prisa, para formular una nueva acusación contra Jesús. Sabían que la primera acusación, blasfemia contra Dios, no tendría éxito ante el pretorio romano. Por eso, fabricaron una nueva acusación contra Jesús: rebelión contra Roma, conspiración contra César. Una vez más Pedro no estaba allí.

Al amanecer del viernes, Jesús es llevado al pretorio romano, y los principales sacerdotes lo acusan ante Pilato, y Pedro no está allí. Jesús es brutalmente azotado por los soldados romanos. Le clavan en la frente una corona de espinas. Y Pedro no estaba allí.

Jesús cargó una pesada cruz por las calles estrechas de Jerusalén, bajo los vítores y abucheos de la enloquecida multitud. Su cuerpo lacerado, ensangrentado, abatido, tirado sobre el madero, y Pedro no estaba allí para cargar el madero en lugar de su Señor.

A las nueve en punto de la mañana del viernes, Jesús es clavado en ese lecho vertical de muerte, suspendido entre la tierra y el cielo, sufriendo dolores atroces, bajo el escarnio indescriptible. Y Pedro no estaba allí.

Fueron seis horas de ejecución publica, de exposición vergonzosa. Jesús despojado de su ropa, con el cuerpo ensangrentado, estaba atado al madero maldito, soportando dolor, fatiga y sed. Jesús estaba sufriendo todo tipo de escarnio, y Pedro no estaba allí.

A las 3 de la tarde, Jesús dio un gran grito, entregó su espíritu al Padre y expiró. El velo del templo se rasgó de arriba a abajo. Las rocas rodaban por las laderas y las tumbas se abrieron. Pedro no estaba allí para dar una sepultura digna al Señor. Fue necesario que José de Arimatea y Nicodemo hicieran eso.

Pedro está ausente el viernes y también durante el sábado. El domingo en la mañana, mientras las mujeres se dirigen a la tumba de Jesús, Pedro estaba encerrado por miedo a los judíos.

El cuidado de Jesús con Pedro

Si Pedro huyó del horrendo espectáculo del Calvario, las mujeres estaban allí. Si Pedro se escondió, con miedo, las mujeres fueron al sepulcro. Si Pedro se acobardó, las mujeres se presentaron osadamente. El dilema de las mujeres era saber quién les movería la pesada piedra de la tumba. Cuando llegaron, la piedra había sido removida, pero había un ángel sentado dentro de la tumba, vestido de blanco. El ángel dice a las mujeres: [...] *No os asustéis; buscáis a Jesús nazareno, el que fue crucificado; ha resucitado, no está aquí; mirad el lugar en donde le pusieron. Pero id, decid a sus discípulos, y a Pedro, que él va delante de vosotros a Galilea; allí le veréis, como os dijo* (Mr 16.6-7).

¿Por qué Jesús hace mención especial de Pedro? ¿No era Pedro discípulo? Jesús hace mención especial de él, porque sabía que a estas alturas Pedro no se sentía más discípulo. Pedro imaginó que ya no había más oportunidad para él. Pedro se sintió indigno. Renunció a todo. Pero Jesús no renunció a Pedro.

Aquella mañana de domingo, María Magdalena corrió a la casa donde estaban Pedro y Juan y comunicó que la tumba de Jesús estaba vacía. Los dos salieron a toda prisa. Juan, siendo más joven, llegó primero, pero fue Pedro quien entró primero a la tumba. Ambos vieron los lienzos y toda la ropa mortuoria. Sin embargo, Pedro regresó a la casa y continuó encerrado por miedo a los judíos.

Llegó, entonces, la hora de viajar a Galilea. Son aproximadamente ciento treinta kilómetros. Ese largo recorrido fue hecho a pie. Pedro fue con otros seis discípulos. Cada paso que daba era una punzada en el alma, un martillo en la conciencia. Ciertamente él imaginaba que Jesús iba a señalarlo con el dedo y decirle que era un fracaso, un cobarde, una decepción. Pedro va avergonzado y aplastado por esas ideas. Pedro es la síntesis de la crisis, el sumario de grandes fracasos.

Pedro regresa a las redes de pesca

Cuando Pedro llegó a Galilea, Jesús no estaba allí. Su crisis se agravó todavía más. Pedro entonces dijo a sus colegas: [...] *voy a pescar* [...] (Jn 21.3). Pedro era un líder, y liderazgo es sobre todo influencia. Los otros dijeron: [...] *vamos también nosotros contigo* [...] (Jn 21.3). ¿Qué significa eso? Algunos estudiosos dicen que Pedro fue a pescar porque no podía quedarse ocioso ni siquiera un día. Otros dicen que él necesitaba del sustento, y era legítimo que tomara esa decisión. Sin embargo, entiendo que cuando *volvió a la pesca*, estaba diciendo: "llegó el fin de la línea. Se acabó el sueño. Ya no puedo seguir. Volveré tras las redes. Reabriré mi empresa. Regresaré al pasado y retomaré mis negocios. Voy a desistir de ese sueño de ser apóstol. Fui demasiado lejos, no puedo recomenzar ese noble ideal".

Jesús restaura la vida de Pedro

La pesca fue un fracaso. Aquella noche no obtuvieron nada. El mar no estaba para peces. Después de una ardua noche, de dura faena, los discípulos regresaron al final de la madrugada con las manos vacías y el corazón todavía más lleno de ansiedad. Estaban a menos de cien metros de la playa cuando una persona desconocida, caminando por la playa, se dirigió a ellos en estos términos: [...] *Hijitos, ¿tenéis algo de comer?* [...] (Jn 21.5). ¿Quién sería ese caminante misterioso? ¿Por qué se dirigió a ellos con tamaña dulzura? ¿Por qué los llama hijos? ¿Por qué pregunta sobre provisión? Es curioso que Jesús no se dirige a ellos llamándolos desertores, cobardes, fracasados, ¡sino llamándolos amigos!

La respuesta a la pregunta del desconocido fue un sonoro "no". El resultado de la pesca fue ¡un fracaso rotundo!

Ante la frustración de aquellos pescadores, Jesús les dice: [...] *Echad la red a la derecha de la barca, y hallaréis.*

Entonces la echaron, y ya no la podían sacar, por la gran

cantidad de peces (Jn 21.6). ¿Por qué Jesús se manifiesta a ellos en el contexto de esa pesca milagrosa? Es porque fue en una pesca milagrosa que Jesús ordenó a Pedro dejar las redes para convertirse en un pescador de hombres (Lc 5.1). Ahora Jesús crea la misma escena, en el mismo mar, para decirle: "Pedro, yo soy el mismo que un día te llamó. Estoy aquí para restaurarte, para darte una nueva oportunidad, para comenzar contigo un nuevo camino. Pedro, no renuncié a ti. Yo no abdico del derecho de tenerte conmigo. No suelto la mano de tu vida. Soy Dios de segundas oportunidades. No pienses en volver atrás. No consideres regresar a tu empresa. Mi plan para tu vida no fue interrumpido a causa de tu caída. Yo no renuncié a ti por causa de tu fracaso. Estoy aquí para decir que soy el mismo, inmutablemente, el mismo que un día te llamó para ser un pescador de hombres".

El mismo Pedro que quedó asombrado con la primera pesca milagrosa y se postró a los pies de Jesús, mira ahora y ve ciento cincuenta y tres grandes peces saltando en la red. Juan, con percepción más aguda dice a Pedro: [...] *¡Es el Señor!* [...] (Jn 21.7). Simón Pedro, oyendo eso, se ciñó con su ropa y se lanzó al mar. Su corazón estaba acelerado. Su mente era un torbellino. Debe haber pensado: "Es ahora cuando Jesús me va a quebrantar. Él va a exponer mi debilidad, va a denunciar mi cobardía".

¡Cuando Pedro llegó, se asusta! Lejos de palabras duras, de severa reprimenda, ve en la playa [...] *pan y un pescado sobre las brasas* (Jn 21.9). ¿Por qué aquel brasero? La palabra brasero aparece solamente dos veces en el Nuevo Testamento. La primera vez fue donde Pedro negó a Jesús. Ahora, donde Jesús restaura a Pedro. Jesús quiere traer a la memoria de Pedro el escenario de su caída para mostrarle que será levantado exactamente en el lugar donde cayó. Donde abundó el pecado, donde abundó la gracia. Donde Pedro fue un fracaso, él lo puede poner de pie. El brasero de la caída le trajo amarga derrota; el brasero de restauración tiene provisión. Jesús no expone a sus discípulos al ridículo, sino que provee para ellos un desayuno. El brasero era para protegerlos del frío. Los panes y los peces eran para alimentarlos después de una noche de trabajo extenuante.

Después que Jesús atendió las necesidades físicas de los discípulos, protegiéndolos, alimentándolos, preguntó a Pedro en presencia de sus pares: [...] *Simón, hijo de Jonás, ¿me amas más que éstos?* [...] (Jn 21.15). ¿No bastaría que Pedro lo amara como los demás? ¿Por qué debía Pedro amar a Jesús más que los otros? ¿Por qué Jesús hace esa pregunta? Para corregir el orgullo de Pedro. Cuando caminaba al Getsemaní, Pedro afirmó ser mejor que los demás discípulos. Pedro se colocó por encima de los otros, más fiel, más comprometido, más amoroso. Pedro prometió a Jesús una fidelidad incondicional. Garantizó que, aunque todos huyeran, él jamás lo abandonaría. Cuando Jesús hace esa pregunta, está queriendo decir lo siguiente: "Pedro, ¿aún piensas que eres mejor que los otros? ¿aún crees que eres más fiel que los otros? ¿aún mantienes la misma posición?" Con esa pregunta, Jesús estaba tratando el orgullo de Pedro, haciéndolo descender del pedestal. Pedro respondió: [...] *Sí, Señor; tú sabes que te amo. Él le dijo: apacienta mis corderos* (Jn 21.15).

Jesús se dirige a Pedro y le pregunta una segunda vez: [...] *Simón hijo de Jonás ¿Me amas?* [...] (Jn 21.16). Ahora Jesús no pregunta si le ama más, solo si le ama. Pedro responde de la misma manera: [...] *Sí, Señor; tú sabes que te amo. Le dijo: Pastorea mis ovejas* (Jn 21.16).

Por tercera vez Jesús preguntó a Pedro: *Simón, hijo de Jonás, ¿me amas?* (Jn 21.17). Pedro se entristeció de que le preguntara la tercera vez y respondió: [...] *Señor, tú lo sabes todo; tú sabes que te amo. Jesús le dijo: Apacienta mis ovejas.* (Jn 21.17).

¿Por qué Jesús preguntó a Pedro tres veces? Porque tres veces Pedro negó a Jesús. Para cada ocasión que Pedro negó a Jesús, este le dio la oportunidad de reafirmar su amor. Jesús está dando la oportunidad de levantarse donde él cayo. Si fuese un juego, podríamos pensar en el siguiente resultado: cuando Pedro negó a Jesús la primera vez, pasó a perder el juego por la puntuación de uno a cero. Al negar la tercera vez, pasó a sufrir una goleada de tres a cero. Cuando Pedro afirmó su amor a Jesús la primera vez, la puntuación cambio para tres a uno. Al afirmar su amor a Jesús por segunda vez, el resultado pasó a ser tres a dos. Cuando Pedro proclamó su amor a Jesús la tercera vez, el juego estaba empatado. Entonces, Jesús le dijo: [...] *sígueme* (Jn 21.19). El marcador cambió, y Pedro venció el juego por cuatro a tres. ¡Donde abundó el pecado, sobreabundó la gracia!

Sin embargo, ¿por qué Pedro se entristece con la tercera pregunta de Jesús? ¡Porque Jesús cambió el énfasis de la pregunta! En el original griego, este pasaje es más rico de lo que podemos colocarlo en el español. Cuando Jesús preguntó a Pedro la primera y la segunda vez sobre su amor, usó el verbo griego *agapao* para "amor". *Agape* es el amor sacrificial, el amor que da su vida por el otro. Jesús preguntó a Pedro la primera vez y la segunda: "*Simón, hijo de Jonás, ¿tú me amas con amor agape?* ¿Estás listo para dar tu vida por mí? A esas dos preguntas, Pedro responde con otro tipo de amor, el amor *philia*, que significa amor de amistad, amor de afección. Él respondió: "Sí, Señor, me agrada tenerte como amigo. Yo te tengo afecto". En la tercera pregunta, Jesús pasa a usar el mismo término que estaba siendo usado por Pedro. Le pregunta: "*Simón, hijo de Jonás, ¿tú me amas con amor philia?* ¿Tienes aprecio por mí? ¿Te agrado como amigo?" Pedro se entristece, porque ahora no es su disposición morir por Jesús lo que está en prueba, sino su afecto por él.

Jesús no le pregunta a Pedro por su amor porque desconoce su corazón. Esas preguntas no fueron hechas por causa de Jesús, sino por causa de Pedro. El propio Pedro confiesa tres veces que Jesús conocía su amor (Jn 21.15-17). Pedro sabe que Jesús es poderoso para sondear los corazones, y nada queda oculto a sus ojos. Jesús hace esas tres preguntas a Pedro para reencender en su corazón la llama del amor. Pedro estaba renunciando a todo, pero Jesús sabía que en su corazón Pedro lo amaba. El amor por Jesús es el camino de la restauración.

Jesús restaura el ministerio de Pedro

Después de restaurar la vida de Pedro, Jesús también restaura su ministerio. En el pasado, cuando Jesús lo llamó para ser su discípulo, le dio una red para ser pescador de hombres; ahora, cuando Jesús lo restaura, le da un cayado de pastor y le dice: *"Cuida mis corderos, pastorea mis ovejas, cuida mis ovejas".*

Al final de cada declaración de amor de Pedro a Jesús, Jesús da una orden a Pedro. Primero Jesús le dice: [...] *cuida mis corderos* (Jn 21.15). La palabra "cuidar" significa alimentar como una madre alimenta a un niño. El pastor necesita cuidar de los corderos, o sea, de las ovejas del rebaño. Eso puede referirse tanto a niños como a neófitos. El pastor necesita ejercer el papel de madre (1Tes 2.7) y el papel de padre (1Cor 4.15). Necesita ser dócil y al mismo tiempo firme. Necesita alimentar y al mismo tiempo proteger. Segundo, Jesús le dice: [...] *pastorea mis ovejas* (Jn 21.16). Pastorear es alimentar, enseñar, proteger, guiar, corregir, disciplinar, cargar en el regazo. Pedro no es un papa que ocupa una posición de supremacía en la Iglesia; él es un pastor que cuida del rebaño. No está por encima de los demás pastores del rebaño, sino un pastor entre los otros pastores (1P 5.1-4). Tercero, Jesús le dice: [...] *cuida mis ovejas* (Jn 21.17). Ahora, Jesús emplea la misma palabra usada en el versículo 15 para expresar su cuidado maternal y paternal con los corderos. Las ovejas necesitan también ser amadas, cuidadas y alimentadas como se cuida de un tierno niño. El pastor no es aquel que gobierna al pueblo con rigor desmesurado, sino como una madre que acaricia y un padre que protege.

Pedro estaba pensando renunciar al apostolado, pero el propósito de Jesús era restaurarlo al apostolado. Pedro estaba pensando en volver a las redes, y Jesús coloca en sus manos un cayado de pastor. Pedro estaba viendo por el retrovisor y pensando en retroceder, y Jesús lo coloca sobre sus hombros de gigante para tener la visión del faro alto para que contemplara un glorioso trabajo en el futuro.

Jesús revela el futuro de Pedro

Después de restaurar la vida y el ministerio de Pedro, Jesús revela el futuro de Pedro y le dice: *De cierto, de cierto te digo: Cuando eras más joven, te ceñías, e ibas a donde querías; más cuando ya seas viejo, extenderás tus manos, y te ceñirá otro, y te llevará a donde no quieras* (Jn 21.28). ¿Qué quiso decir Jesús con esas palabras? Jesús estaba profetizando, diciendo que, cuando Pedro era joven, era libre para tomar sus decisiones, pero que llegaría un día en que Pedro sería apresado y llevado al martirio. Entonces, sus manos serían extendidas sobre un madero, y moriría en una cruz.

Vale destacar que fue exactamente esa la promesa que Pedro había hecho. La noche en que Jesús fue arrestado y juzgado por el Sanedrín, Pedro prometió a Jesús que daría su vida por él. Mateo registra así ese hecho: *Pedro le dijo: Aunque me sea necesario morir contigo, no te negaré. Y todos los discípulos dijeron lo mismo* [...] (Mt 26.35). Marcos es aún más enfático en su relato: *Mas él [Pedro] con mayor insistencia decía: Si me fuere necesario morir contigo, no te negaré. También todos decían lo mismo* [...] (Mr 14.31). Lucas registra: *Él le dijo: Señor, dispuesto estoy a ir contigo no sólo a la cárcel, sino también a la muerte* (Lc 22.33).

El evangelista Juan interpreta el versículo 18 en contexto con el versículo 19 cuando escribe: *Esto dijo, dando a entender con qué muerte había de glorificar a Dios* [...] (Jn 21.19). Los años pasaron. Pedro, restaurado por Jesús, dedicó su vida al servicio del maestro. Con todo, a partir del año 64 d.C., con el incendio de Roma, una persecución brutal se desencadenó contra la Iglesia, pues el emperador Nerón, el incendiario, culpó a los cristianos de esa horrible hazaña. En aquella época faltó madera para crucificar cristianos. Eran, entonces, amarrados en postes, cubiertos de alquitrán e incendiados vivos para iluminar las noches de Roma. Alrededor del año 67 d.C., Pedro fue arrestado y condenado a muerte. Ya que no era un ciudadano romano como Pablo, fue condenado a morir crucificado.

Dicen los historiadores que, en el momento de su martirio, dijo a sus verdugos: "Yo no soy digno de morir como mi Señor. Crucifíquenme de cabeza". Así murió Pedro, el apóstol que abrió la puerta del evangelio, tanto para judíos como gentiles.

Fue después de ese vaticinio de su martirio que Jesús dijo a Pedro: [...] *¡sígueme!* [...] El evangelista Juan registra: [...] Y *dicho esto, añadió: Sígueme* (Jn 21.19). Jesús no dice a Pedro: "¡Sígueme para ser rico! ¡sígueme para ser exitoso! ¡sígueme para ser aplaudido por el mundo!" Más bien, le dice: "Sígueme al sacrificio! ¡sígueme al martirio! ¡sígueme a la muerte!

Pedro quiso saber el destino de Juan su compañero de pesca y condiscípulo: *Cuando Pedro le vio, dijo a Jesús: Señor, ¿y qué de éste?* (Jn 21.21). Jesús le respondió: [...] *Si quiero que él quede hasta que yo venga, ¿qué a ti? Sígueme tú* (Jn 21.22). La providencia de Jesús en la vida de sus siervos no es siempre la misma. Juan debía glorificar a Dios teniendo una vida larga, y Pedro debía glorificar a Dios a través de su muerte. Juan debía glorificar a Dios en la vejez, y Pedro en su martirio. No importa cómo se cierren las cortinas de nuestra vida, la Escritura dice: *Pues si vivimos, para el Señor vivimos; y si morimos, para el Señor morimos. Así pues, sea que vivamos, o que muramos, del Señor somos* (Rom 14.8).

La crucifixión era una muerte maldita. Era aplicada a los criminales más terribles. Pero Pedro, a semejanza de su Señor, soportó el patíbulo de vergüenza y dolor y, en ese lecho vertical de la muerte, ¡glorificó a Dios!

Pedro,
un hombre usado por Dios

Aquel Pedro inconstante, miedoso y cobarde, llegó a ser un hombre intrépido y poderoso en las manos de Dios, desde que fue restaurado por Jesús.

Pedro, un hombre revestido con el poder del Espíritu Santo

Diez días después de la ascensión de Cristo, vino el Pentecostés. Jesús subió, y el Espíritu Santo descendió. Descendió porque el Padre lo prometió. Descendió porque la Iglesia oró. Descendió porque Jesús lo derramó. Descendió para quedarse para siempre con la Iglesia. Descendió para revestir a la Iglesia con poder. Descendió con el fin de capacitar a los discípulos para hacer una gran obra.

El derramamiento del Espíritu Santo fue un fenómeno celestial. No fue algo producido, ensayado, fabricado.

Algo del cielo verdaderamente sucedió. Fue irrefutable e irresistible. Fue soberano; nadie pudo producirlo.

Fue eficaz; nadie puede deshacer sus resultados. Fue definitivo; vino para quedarse para siempre con la Iglesia. La venida del Espíritu involucró un sonido para oír, un escenario para ver y un milagro para experimentar. Cuatro hechos nos llaman la atención:

Primero, el derramamiento de Espíritu vino como un sonido (2.2). No fue ruido, algazara, falta de orden, histeria, sino un sonido del cielo. La palabra griega *echos*, empleada aquí, es la misma que se encuentra en Lucas 21.25 para describir el estruendo del mar. El derramamiento del Espíritu fue un acontecimiento audible, verificable, público, retumbando su influencia en la sociedad. Ese impacto atrajo una gran multitud para oír la Palabra.

Segundo, el derramamiento del Espíritu vino como un viento (2.2). El viento es símbolo del Espíritu Santo (Ez 37.9, 14; Jn 3.8). El Espíritu vino en forma de viento para mostrar su soberanía, libertad e inescrutabilidad. El Espíritu, así como el viento, es libre; sopla donde quiere, de la forma que quiere, en quien quiere. El Espíritu sopla donde jamás soplaríamos y deja de soplar donde nos gustaría que soplara. El Espíritu, como el viento, es soberano; sopla irresistiblemente. El llamado de Dios es irresistible, y su gracia es eficaz. El Espíritu sopla en el templo, en la calle, en el hospital, en el campo, en la ciudad, en los yermos de la tierra y en los antros del pecado. Cuando él sopla, nadie puede detenerlo. Los hombres pueden incluso medir la velocidad del viento, pero no pueden cambiar su curso. Como el viento, el Espíritu también es misterioso; nadie sabe de dónde viene ni a donde va. Su curso es libre y soberano. Dios no se somete a la agenda de los hombres. Él no se deja domesticar.

Tercero, el derramamiento del Espíritu vino en lenguas como de fuego (2.3). El fuego también es símbolo del Espíritu Santo. Dios se manifestó a Moisés en la zarza donde el fuego ardía y no se consumía (Éx 3.2). Cuando Salomón consagró el templo al Señor, descendió fuego del cielo (2Cr 7.1). En el monte Carmelo, Elías oró y el fuego descendió (1R 18.38-39). Dios es fuego. Su Palabra es fuego. Él hace de sus ministros llamas de fuego. Jesús bautiza con fuego, y el Espíritu descendió en lenguas de fuego. El fuego ilumina, purifica, queda y se esparce. Jesús vino para echar fuego sobre la tierra.

Cuarto, el derramamiento del Espíritu trae una experiencia personal de llenura del Espíritu Santo (2.4). Aquellos discípulos ya eran salvos. En tres ocasiones, Jesús había dejado eso claro (Jn 13.10; 15.3; 17.12). De acuerdo con la teología de Pablo, si ellos ya eran salvos, tenían el Espíritu Santo, pues el apóstol escribió: [...] *si alguno no tiene el Espíritu de Cristo, no es de él* (Rom 8.9). Jesús dijo: [...] *el que no naciere de agua y del Espíritu, no puede entrar en el reino de Dios* (Jn 3.5). Además de tener ya el Espíritu Santo, Jesús después de su resurrección también sopló sobre ellos el Espíritu Santo y dijo: [...] *Recibid el Espíritu Santo* (Jn 20.22). Pero, a pesar de ser regenerados por el

Espíritu y de haber recibido el soplo del Espíritu, ellos todavía no estaban llenos del Espíritu. Una cosa es tener el Espíritu Santo; otra cosa es que el Espíritu Santo nos posea. Una cosa es ser habitado por el Espíritu; otra cosa es ser lleno del Espíritu. Una cosa es tener el Espíritu presente; otra es tener el Espíritu presidente. La experiencia de la plenitud es personal (Hch 2.3-4). El Espíritu desciende sobre cada uno individualmente.

Cada uno vive su propia experiencia. Nadie necesita pedir, como las vírgenes necias, aceite prestado. Todos fueron llenos del Espíritu. Luego que ellos fueron llenos del Espíritu, comenzaron a hablar las maravillas de Dios (2.11). Siempre que alguien es lleno del Espíritu en el libro de Hechos, comienza a predicar (Hch 1.8; 2.4, 11, 14, 41; 4.8, 29-31: 6.5, 8-10; 9.17-22; 1Tes 1.5; 1Cor 2.4). La plenitud del Espíritu nos da poder para predicar con autoridad.

El mismo Pedro que otrora estaba encerrado por miedo a los judíos, ahora está cercado por falta de miedo. El mismo Pedro que otrora negara a Jesús frente a una criada, ahora enfrenta con imbatible osadía el Sanedrín. El mismo Pedro que otrora seguía a Jesús de lejos, ahora lidera a la Iglesia en una jornada victoriosa. El mismo Pedro que otrora huyera cobardemente de la prisión y de la muerte, abandonando a su Señor, ahora enfrenta azotes, prisiones y está listo para dar su vida por Cristo.

El Pentecostés fue un divisor de aguas en la historia de Pedro. Antes de ser revestido con el poder del Espíritu Santo, Pedro era un hombre impetuoso, pero cobarde; hablador, pero precipitado; osado en sus declaraciones, pero frágil en sus actitudes. Después de Pentecostés, Pedro llega a ser un hombre irreprensible en su vida, irrefutable en sus palabras e irresistible en sus obras.

Pedro, un hombre de oración que predica a los oídos y a los ojos

Después que Jesús ascendió a los cielos, los discípulos volvieron del monte de los Olivos al aposento alto, en el monte Sion. Eran ciento veinte discípulos. El primer nombre de la lista era Pedro. Ellos iniciaron una reunión de oración que duró diez días, ininterrumpidamente. Todos unánimes oraron a Dios, aguardando la promesa del Padre, el revestimiento de poder, el derramamiento del Espíritu, el bautismo con el Espíritu Santo (Hch 1.14). Jesús ya les había dejado claro: *pero quedaos vosotros en la ciudad de Jerusalén, hasta que seáis investidos de poder desde lo alto* (Lc 24.49). Jesús les ordenó que no se ausentaran de Jerusalén, sino que esperaran la promesa del Padre, el bautismo con el Espíritu Santo (Hch 1.4-5). Fue incisivo cuando dijo: *pero recibiréis poder, cuando haya venido sobre vosotros el Espíritu Santo, y me seréis testigos en Jerusalén, en toda Judea, en Samaria, y hasta lo último de la tierra* (Hch 1.8).

La oración de los discípulos fue específica, perseverante y unánime. Todos estaban como hermanos en un mismo propósito, imbuidos del mismo deseo, enfocados en la misma promesa. Oraron no por riquezas materiales. No oraron por salud física. Oraron no por éxito profesional. No oraron por ausencia de persecución. Oraron por el revestimiento de poder. Buscaron el derramamiento del Espíritu Santo. Aguardaron ansiosamente la promesa del Padre, el bautismo con el Espíritu Santo.

Estos discípulos oraron confiados, pues oraron basados en la promesa del Padre. Ninguna de las palabras del Padre cayó al suelo. Ninguna de sus promesas ha dejado de cumplirse. Orar con base en las promesas de Dios es tener la garantía de la victoria, pues el propio Dios vela por el cumplimiento de su Palabra.

Pedro fue el líder de los discípulos antes de su caída y continuó como líder después de su restauración.

Él lidera esa reunión de oración. Es el capitán de ese ejército de Dios que bombardea los cielos con sus súplicas fervorosas. Los apóstoles aprendieron a orar con Jesús, y la iglesia primitiva aprendió a orar con sus líderes. La iglesia primitiva llegó a ser una iglesia de oración (Hch 2.42).

Lucas hace una transición acerca de la vida ejemplar de la iglesia apostólica hacia el ejemplo de Pedro y Juan, columnas de la iglesia. La iglesia oraba porque sus líderes eran hombres de oración. La iglesia experimentaba las maravillas divinas porque los apóstoles conocían el poder del nombre de Jesús. La iglesia apostólica sacudió el mundo porque estaba llena del Espíritu Santo. E. M. Bounds, el metodista piadoso del siglo 19, dijo con acierto que la iglesia hoy está buscando nuevos métodos, mientras Dios está buscando mejores hombres. Parafraseando Bounds — que ha dicho: "Dios no unge planes; Dios unge hombres de oración" —, podremos decir: Dios no unge métodos; Dios unge hombres llenos del Espíritu.

Pedro y Juan no echaron fuera la tradición de orar en tres turnos por día en el templo. El día judío comenzaba a las 6 horas de la mañana y terminaba a las 6 horas de la tarde (Hch 3.1). Para los judíos devotos, había tres turnos de oración por día: a las 9 de la mañana, al medio día y a las 3 de la tarde. Los apóstoles todavía mantenían esa costumbre. Tenían una nueva fe, pero no la usaban como disculpa para violar esa tradición. Sabían bien que la nueva fe y la vieja disciplina podían y debían andar juntas. Pedro y Juan eran hombres de oración. Ellos entendían que Dios es más importante que la obra de Dios.

Pedro y Juan son vistos juntos con frecuencia a lo largo de las Escrituras. Eran socios en el negocio de la pesca (Lc 5.10); prepararon la última pascua de los judíos para Jesús (Lc 22.8); corrieron hacia el sepulcro en la mañana del primer domingo de pascua (Jn 20.3-4); y ministraron a los samaritanos que creyeron en Jesucristo (8.14). Ahora, están yendo al templo para orar a las 3 horas de la tarde (3.1).

Cinco verdades pueden ser destacadas con respecto a estos dos apóstoles:

En primer lugar, *Pedro y Juan tenían una vida comprometida con la oración. Pedro y Juan subían al templo para la oración de la hora novena* (Hch 3.1). La oración era la prioridad en la vida de Pedro y de los demás apóstoles. Ellos oraron unánimemente (Hch 1.14). Frente a la amenaza del Sanedrín, oraron y pidieron más intrepidez para predicar, y el mundo tembló (Hch 4.31). Hoy es el mundo quien hace la iglesia temblar. Los apóstoles llegaron a tomar una importantísima decisión: Y *nosotros persistiremos en la oración y en el ministerio de la palabra* (Hch 6.4).

Palabras sin oración son palabras muertas. Una iglesia que ora abre las puertas para la intervención milagrosa de Dios. Cierta vez le preguntaron a Spurgeon cuál era el secreto del éxito de su ministerio. Él respondió: "Yo trabajo de rodillas. Mi lugar santo de oración vale más que toda mi biblioteca". John Knox, en el siglo XVI, cambió la realidad religiosa de Escocia. Él era un hombre que agonizaba en oración. Su clamor continuo era: "Dame a Escocia para Cristo, o me muero".

Visitando Corea del Sur, donde hay un rápido crecimiento de la iglesia, le pregunté a los pastores de las mayores iglesias de ese país: "¿Cuál es el secreto del crecimiento de la iglesia?" La respuesta unánime fue: "Oración, oración, oración". A lo largo de la historia, aquellos que triunfaron en las batallas y vieron las manifestaciones grandiosas de Dios fueron quienes oraron. Así fue con los reyes Josafat y Ezequías. Así fue con Nehemías, Jesús y los apóstoles. Una iglesia que ora crece y se fortalece cuando sus líderes son hombres de oración.

En segundo lugar, *Pedro y Juan tenían una vida respaldada por el ejemplo.* Lucas registra el texto como sigue:

> Y era traído un hombre cojo de nacimiento, a quien ponían cada día a la puerta del templo que se llama la Hermosa, para que pidiese limosna de los que entraban en el templo. Este, cuando vio a Pedro y a Juan que iban a entrar en el templo, les rogaba que le diesen limosna. Pedro, con Juan, fijando en él los ojos, le dijo: Míranos. Entonces él les estuvo atento, esperando recibir de ellos algo (Hch 3.2-5).

Era estratégico colocar a un mendigo en la puerta del templo. Las personas que entran para adorar a Dios normalmente son más sensibles a la necesidad del prójimo. No es posible amar a Dios a quien no vemos si no amamos al prójimo a quien vemos. Eran las 3 horas de la tarde, y estaba por comenzar una reunión de oración en el templo. Pedro y Juan estaban entrando cuando el paralítico les pidió una limosna. Pedro miró al paralítico, junto con Juan, y le dijo: [...] *Míranos* (Hch 3.4). Nosotros quedamos impactados con esto. Decimos: "Eso hiere nuestra teología". Nosotros acostumbramos a decir: "No nos mire a nosotros; mire a Jesús. No mire a los creyentes; mire a Jesús". Jesús ya había alertado acerca de la conducta de los fariseos: *Así que, todo lo que os digan que guardéis, guardadlo y hacedlo; mas no hagáis conforme a sus obras, porque dicen, y no hacen* (Mt 23.3).

Tal vez usted argumente: ¿Cómo Pedro puede cometer un error así? Hay algunos que incluso llegan a pensar: "Ah, Pedro no tuvo a nuestros profesores, no pasó por nuestros seminarios". Pero Pedro aprendió a los pies de Jesús. La Palabra de Dios dice que nosotros somos cartas de Cristo (2Cor 3.2). El apóstol Pablo dijo: *Sed imitadores de mí, así como yo de Cristo* (1Cor 11.1). Pedro y Juan dijeron al paralítico: [...] *Míranos* (Hch 3.4). ¿Podríamos decir al mundo: "Mírenos"? ¿Los padres pueden decir a sus hijos: "Míranos"? ¿Pueden los patrones decir a sus empleados: "Mírennos"?

Stanley Jones dijo que el subcristianismo es peor que el anticristianismo. Cierta vez, Mahatma Gandhi dijo a algunos creyentes en la India: "En vuestro Cristo yo creo; solo no creo en vuestro cristianismo". Hoy hay un gran abismo entre lo que hablamos y lo que hacemos; entre el discurso y la vida; entre la doctrina y la práctica. Erlo Stegen, de la Misión Kwa Sizabantu, en África del Sur, cierta vez fue interrumpido en su predicación por una joven que oró a Dios y dijo: "Oh Dios, nosotros oímos cómo era la iglesia primitiva. ¿Será que no puedes descender para estar entre nosotros, como hiciste hace dos mil años? ¿Será que la iglesia hoy no puede ser la misma que fue en Jerusalén?" Una semana después, Dios abrió los cielos y descendió, y hubo allí un poderoso avivamiento.

En tercer lugar, *Pedro tenía una vida revestida de poder*.

Mas Pedro dijo: No tengo plata ni oro, pero lo que tengo te doy; en el nombre de Jesucristo de Nazaret, levántate y anda. Y tomándole por la mano derecha le levantó; y al momento se le afirmaron los pies y tobillos; y saltando, se puso en pie y anduvo; y entró con ellos en el templo, andando, y saltando, y alabando a Dios (Hch 3.6-8).

El mendigo pidió una limosna, y recibió nuevas piernas. Pedro no tenía plata ni oro, pero tenía poder; hoy la iglesia tiene plata y oro, pero no tiene poder. El poder no estaba en Pedro, sino en el nombre de Jesús, o sea, en su suprema autoridad.

Pedro conocía el poder de aquel nombre y no vaciló en invocarlo. "En nombre de" designa la autoridad que está detrás del hablar y actuar de personas frágiles. El "nombre" presenta al portador con su magnitud y su poder, su fuerza y su importancia. El poder era de Cristo, pero la mano era de Pedro. El milagro de la sanidad de aquel cojo era el cumplimiento de la profecía mesiánica: *Entonces el cojo saltará como un ciervo* [...] (Is 35.6). La legendaria historia de Tomás de Aquino y el papa Inocencio II viene a la mente en conexión con este pasaje. Aquino sorprendió al papa al visitarlo en el momento en que este estaba contando una gran cantidad de monedas de oro y plata. Al verlo, el papa dijo: "Hermano, como Usted puede ver, no puedo decir más como Pedro dijo al paralítico: *No tengo oro ni plata*". Aquino, entonces, le respondió: "Eso es verdad. Pero tampoco, Usted, puede decir al paralítico: "¡Levántate y anda!"

Jesús prometió poder a la Iglesia (Lc 24.49). Ese poder vendría por medio del derramamiento del Espíritu Santo (Hch 1.8). La iglesia oró pidiendo más de ese poder (Hch 4.31). El reino de Dios no consiste en palabras, sino en poder (1Cor 4.20). El evangelio es demostración del Espíritu Santo y de poder (1Cor 2.4; 1Tes 1.5).

El propio Jesús no renunció a ese poder. Cuando fue bautizado en el río Jordán, mientras oraba, los cielos se abrieron y el Espíritu Santo descendió sobre él (Lc 3.21-22). Jesús, lleno del Espíritu Santo, volvió del Jordán y fue conducido por el mismo Espíritu al desierto (Lc 4.1). En el poder del Espíritu, regresó a Galilea (Lc 4.14). En la sinagoga de Nazaret tomó el libro del profeta Isaías y leyó:

> *El Espíritu del Señor está sobre mí, por cuanto me ha ungido para dar buenas nuevas a los pobres; me ha enviado a sanar a los quebrantados de corazón; a pregonar libertad a los cautivos, y vista a los ciegos; a poner en libertad a los oprimidos; a predicar el año agradable del Señor* [...] (Lc 4.18-19).

El apóstol Pedro testificó en Cesarea: [...] *cómo Dios ungió con el Espíritu Santo y con poder a Jesús de Nazaret, y cómo éste anduvo haciendo bienes y sanando a todos los oprimidos por el diablo, porque Dios estaba con él* (Hch 10.38).

Pedro dijo al paralítico: [...] *Míranos* (Hch 3.4); y después dijo: [...] *lo que tengo te doy; en el nombre de Jesucristo de Nazaret, levántate y anda* (Hch 3.6). Juan no recibió poder para sanar enfermos. No sabemos de ningún milagro que él haya realizado. Sin embargo, él estaba tan lleno del Espíritu como Pedro, aunque sus ministerios y dones fueran diferentes. El apóstol Juan no tenía el don de sanidades como Pedro, pero había experimentado el poder del Espíritu para ser ejemplo para los demás hombres.

En cuarto lugar, *Pedro y Juan tenían una vida llena de compasión* (Hch 3.6-7). Pedro y Juan poseían compasión, y no solo religiosidad. Ellos interrumpieron el ejercicio espiritual de la oración de las 3 horas de la tarde para involucrarse con el paralítico en la puerta del templo. No actuaron como el sacerdote y el levita de la parábola del buen samaritano. Hay individuos que cierran sus ojos a los necesitados porque dan más valor al ritual que a las personas. Son celosos de sus tradiciones religiosas, pero indiferentes a las personas.

Pedro y Juan fijaron sus ojos en el paralítico. Muchos creen mejor dar una mísera limosna y voltear el rostro. Pedro y Juan miraron y encararon a aquel mendigo. Lo trataron como persona. Pedro habló con él. Le ordenó: [...] *Míranos*. Se puso a su disposición para ayudarlo, para ser referente y modelo. Pedro compartió con él lo que poseía. Pedro tenía consciencia de que había recibido el poder del Espíritu Santo y la autoridad del nombre de Jesús. El poder no es usado para beneficio propio, sino para bendecir a las personas. Poder sin compasión es autopromoción.

En quinto lugar, *ellos vieron un milagro irrefutable. Y todo el pueblo le vio andar y alabar a Dios. Y le reconocían que era el que se sentaba a pedir limosna a la puerta del templo, la Hermosa; y se llenaron de asombro y espanto por lo que le había sucedido* (Hch 3.9-10).

El milagro de la sanidad del cojo fue un hecho público, verificable e irrefutable. El hombre sanado había nacido cojo. Tenía más de cuarenta años. Todos los días era puesto en la puerta del templo. Por tanto, era alguien conocido por todos. Su sanidad fue un testimonio irrefutable del poder de Jesús y una prueba incuestionable de su resurrección de entre los muertos.

Tres verdades pueden ser observadas aquí:

En primer lugar, la sanidad fue en nombre de Jesús (Hch 3.6). Pedro dijo a las autoridades del pueblo y a los ancianos que estaban preguntando la fuente del poder que trajo salud al paralítico: *sea notorio a todos vosotros, y a todo el pueblo de Israel, que en el nombre de Jesucristo de Nazaret, a quien vosotros crucificasteis y a quien Dios resucitó de los muertos, por él este hombre está ante vuestra presencia, sano* (Hch 4.10). El poder de la sanidad estaba en el nombre de Jesús, y no en Pedro. Pedro no aceptó la gloria para sí; más bien, la acredita enteramente al nombre de Jesús. El texto es claro: *Viendo esto Pedro, respondió al pueblo: Varones israelitas, ¿por qué os maravilláis de esto? ¿o por qué ponéis los ojos en nosotros, como si por nuestro poder o piedad hubiésemos hecho andar a éste?* (Hch 3.12).

Segundo, la sanidad fue realizada mediante la fe (Hch 3.16). Y *por la fe en su nombre, a éste, que vosotros veis y conocéis, le ha confirmado su nombre; y la fe que es por él ha dado a éste esta completa sanidad en presencia de todos vosotros*. La fe no es la causa del milagro, sino su instrumento. Claramente fue la fe de los apóstoles el instrumento de la sanidad del paralítico, pues él estaba totalmente pasivo en este proceso.

Tercero, la sanidad fue instrumentalizada por Pedro (Hch 3.6). Pedro fue el instrumento usado por

Dios para, en nombre de Jesús, levantar a aquel hombre paralítico. Pedro lo tomó por la mano (Hch 3.7). Pedro lo levantó y afirmó (Hch 3.7). Pedro lo condujo al templo, a la casa de Dios (Hch 3.8). A través de múltiples repeticiones, él caminó, saltó y alabó. Lucas dibuja toda la intensidad de la alegría de este hombre. Su primer camino lo lleva con el apóstol hacia dentro del templo. Su alegría no se agota en su felicidad, sino que lo impele hacia Dios.

Este fue el primer milagro apostólico después del Pentecostés. Sirvió para abrir las puertas para el testimonio del evangelio. Después de la segunda predicación de Pedro, el número de convertidos subió de tres mil a casi cinco mil personas (Hch 4.4). La vida de oración de Pedro no paró ahí. Después de ser amenazado con los demás discípulos, fueron a buscar a la iglesia y contaron cómo los principales sacerdotes y los ancianos los habían amenazado. Cuando la iglesia oyó esto, todos, unánimemente, levantaron la voz y oraron a Dios (Hch 4.13, 24). Pedro y los cristianos de Jerusalén entendían que Dios es soberano y, fundamentados en su infalible Palabra, no oran porque la persecución termine, ni siquiera por juicio sobre sus perseguidores, sino que ruegan a Dios por el poder para testificar con más osadía la Palabra y la manifestación de las sanidades, señales y maravillas por medio del nombre de Jesús (Hch 4.29-30). El resultado de esa poderosa reunión de oración fue que el lugar donde estaban reunidos tembló, todos fueron llenos del Espíritu Santo y, con intrepidez, anunciaban la Palabra de Dios (Hch 4.31).

En virtud de la persecución religiosa en Jerusalén, los creyentes fueron dispersos, y el diácono Felipe descendió a Samaria y allí anunció la Palabra con gran poder. Las multitudes atendían, unánimes, las cosas que Felipe decía, oyéndolas y viendo las señales que él obraba. Los poseídos eran libertados, los paralíticos y cojos eran sanados y hubo gran alegría en aquella ciudad (Hch 8.4-8). Pedro y Juan fueron enviados por los apóstoles a Samaria. Al llegar, oraron por los samaritanos para que recibieran el Espíritu Santo y les impusieron las manos; entonces ellos recibieron el Espíritu (Hch 8.14-17).

Pedro estaba en la ciudad de Lida, puerto de Jope, cuando fue llamado para ir al cenáculo, en la ciudad de Jope, donde estaba el cuerpo de Dorcas, una mujer piadosa y notable por las buenas obras y las túnicas que hacía. Al llegar al aposento alto, donde el cuerpo de Dorcas estaba siendo velado, las viudas que fueron ayudadas por Dorcas rodearon al apóstol, llorando y mostrándole las túnicas y los vestidos que Dorcas hacía mientras estaba con ellas. Pedro pidió que todos se retiraran, se puso de rodillas, oró y, volviéndose hacia el cuerpo: [...] *Entonces, sacando a todos, Pedro se puso de rodillas y oró; y volviéndose al cuerpo, dijo: Tabita, levántate. Y ella abrió los ojos, y al ver a Pedro, se incorporó. Y él, dándole la mano, la levantó; entonces, llamando a los santos y a las viudas, la presentó viva* (Hch 9.40-41).

Este hecho se hizo notorio en toda la región. Pedro continuó en Jope por muchos días, hospedado en la casa de un hombre llamado Simón, el curtidor. Fue allí que en una reunión de oración recibió la visión de Dios para abrir la puerta del evangelio a los gentiles y en seguida recibió emisarios de la casa de Cornelio, un gentil piadoso, para ir a su casa y predicarles el evangelio (Hch 10.9-22). Pedro fue con ellos, predicó el evangelio en casa de Cornelio, las personas atienden la Palabra, reciben el Espíritu Santo y son bautizadas (Hch 10.23-48).

PEDRO,
un predicador lleno del Espíritu Santo

El apóstol Pedro fue, sobre todo, un predicador. Fue él quien abrió la puerta del evangelio tanto para judíos como para gentiles. En el día de Pentecostés, el Espíritu Santo fue derramado. Como un viento impetuoso, descendió en lenguas como de fuego. Todos quedaron llenos del Espíritu Santo y comenzaron a hablar en otras lenguas las grandezas de Dios. El milagro del fenómeno de las lenguas atrajo a la multitud, pero no tocó los corazones. La multitud se juntó, pero marcada por el escepticismo, el prejuicio y la burla. El milagro abre puertas para el evangelio, pero no es el evangelio. Los corazones fueron alcanzados cuando Pedro se levantó a predicar.

El primer sermón de Pedro en Jerusalén

Pedro se levantó para predicar un mensaje eminentemente bíblico. Lo primero que Pedro hizo fue aclarar que aquel fenómeno extraordinario no era resultado de la embriaguez, sino del cumplimiento de la profecía de Joel (Hch 2.14-16). Los discípulos no estaban dominados por el vino, sino llenos del Espíritu Santo.

Pedro deja claro que el profeta Joel había profetizado que el Espíritu sería derramado sobre toda carne, cualitativamente hablando, y no cuantitativamente. El derramamiento del Espíritu quebraría las barreras y rompería el prejuicio de género (hijos e hijas), de edad (jóvenes y viejos) y social (siervos y siervas) (Hch 2.17-18). Cinco verdades deben ser destacadas en esta predicación de Pedro:

1. *La predicación de Pedro fue cristo-céntrica en su esencia*. El mensaje de Pedro versó sobre la persona y la obra de Cristo. Dentro de este sermón de Pedro podemos identificar cinco puntos.

    A. *La vida de Cristo* (Hch 2.22). Pedro muestra que Jesús fue aprobado por Dios, vivió de forma extraordinaria y realizó milagros portentosos. Su vida y su obra eran realidades conocidas por todos.

    B. *La muerte de Cristo* (Hch 2.23). La cruz no fue un accidente, sino parte del plan eterno de Dios (Hch 3.18; 4.28; 13.29), Eso no significa que Jesús buscó la muerte, o que el Padre deseó que los hombres crucificaran a Jesús, sino que al escoger redimir a los pecadores fue previsto cuánto costaría eso. La cruz no fue una derrota para Jesús, sino su exaltación. Jesús marchó hacia la cruz como un rey a su coronación. Fue en la cruz que Jesús conquistó para nosotros redención y desbarató el infierno. Cristo no fue a la cruz porque Judas lo traicionó, porque los judíos los entregaron, porque Pilato lo sentenció y porque los soldados lo crucificaron. Él fue a la cruz porque Dios lo entregó por amor a nosotros. Él fue a la cruz porque voluntariamente se ofreció como sacrificio por nuestro pecado. Fue en la cruz que Dios probó de la forma más elocuente su amor por nosotros y su repudio del pecado. En la cruz de Cristo, la paz y la justicia se besaron.

C. *La resurrección de Cristo* (Hch 2.24-32). Pedro cita la profecía de David para evidenciar la realidad incuestionable de la resurrección de Jesús. Pedro confirma la resurrección de Cristo fundamentado en el Salmo 16.8-11. David no podría estar hablando de sí mismo cuando dijo que Dios no lo dejaría en la muerte ni permitiría que su Santo viera corrupción (Hch 2.27), pues David murió y fue sepultado, y su tumba todavía estaba en Jerusalén (Hch 2.29). Obviamente, David estaba refiriéndose a su descendiente, o sea, a la resurrección de Cristo (Hch 2.30-31). Pedro dio cuatro pruebas de la resurrección de Cristo: 1) la primera prueba fue la persona de Jesucristo (Hch 2.22-24); 2) la segunda prueba fue la profecía de David (Hch 2.25-31); 3) la tercera prueba fue el testimonio de los cristianos (Hch 2.33); 4) la cuarta prueba fue la presencia del Espíritu Santo (Hch 2.33-35).

D. *La exaltación de Cristo* (Hch 2.33-35). Al consumar su obra aquí en el mundo, Jesús resucitó en gloria y comisionó a sus discípulos para predicar el evangelio en todo el mundo, a cada criatura. Después, volvió al cielo, entró en la gloria, fue recibido apoteósicamente por los ángeles, y se sentó a la diestra del Padre para gobernar a la Iglesia, interceder por ella y revestirla con el poder del Espíritu. Jesús reina. Él está en el trono del universo y volverá en gloria.

E. *El señorío de Cristo* (Hch 2.36). Jesús es el Señor del universo, de la historia y de la Iglesia. Ante él toda rodilla se doblará en los cielos, en la tierra y debajo de la tierra. Él reina, y todas las cosas están debajo de sus pies. El Espíritu Santo vino para exaltar a Jesús y señalar hacia él. El ministerio del Espíritu Santo es el ministerio de reflexión, o sea, de exaltar a Jesús (Jn 16.13-14). El Espíritu no echa luz sobre sí mismo. Él no habla de sí mismo. No se exalta a sí mismo. Él proyecta su luz en la dirección de Jesús para exaltarlo.

2. *La predicación de Pedro fue eficaz en cuanto a su propósito* (Hch 2.37). La predicación de Pedro penetró como un diamante en el corazón de la multitud. Produjo una compulsión en el alma. Fue un sermón impactante. El término griego *katenúgesan* significa herir, dar un fuerte golpe. Era usado para describir emociones dolorosas que penetran el corazón como un aguijón. Pedro no predicó para agradar ni para entretener. Él fue directo al punto. Puso el dedo en la llaga. No predicó frente al auditorio, sino al auditorio. Pedro dijo al pueblo que, aunque la cruz había sido planeada por Dios desde la eternidad, ellos eran responsables por la muerte de Cristo. El apóstol sentenció: [...] *prendisteis y matasteis por manos de inicuos, crucificándole* (Hch 2.23). La predicación debe ser directa, confrontante. Necesita engendrar la agonía del arrepentimiento. La predicación de Pedro produjo una profunda convicción de pecado en la multitud. Hoy hay poca convicción de pecado en la iglesia. Estamos demasiado insensibles, con los ojos demasiado secos, con el corazón demasiado duro.

3. *La predicación de Pedro fue clara en sus exigencias* (Hch 2.38). Antes de hablar de perdón, Pedro habló de culpa. Antes de hablar de redención, habló de pecado. Antes de hablar de salvación, mostró que ellos estaban perdidos en sus pecados. Antes de predicar el evangelio, les mostró la ley. No hay salvación sin arrepentimiento.

Nadie entra en el cielo sin antes saber que es un pecador. Pedro se dirigió a un grupo extremadamente religioso, pues todo aquel pueblo había ido a Jerusalén a una fiesta religiosa; pero a pesar de esa religiosidad, necesitaban arrepentirse para ser salvos. Hoy la predicación del arrepentimiento está desapareciendo de los púlpitos. Necesitamos arrepentirnos de nuestra falta de arrepentimiento. El clamor de Dios que emana de las Escrituras todavía es: ¡Arrepentíos! Ese fue énfasis de Juan el Bautista, de Jesús y de los apóstoles. Vemos hoy un cambio desastroso en la predicación. Se predica mucho sobre liberación y casi nada sobre arrepentimiento. Los predicadores gritan desde los púlpitos diciendo que las personas están poseídas, con mal de ojo y espíritus malignos. Dicen que necesitan ser liberadas. Pero esa predicación es incompleta, pues, aunque las personas de hecho estén poseídas y sean liberadas de esa posesión, su problema no está del todo resuelto, ya que la Biblia dice que todos pecaron y están destituidos de la gloria de Dios. El hombre es culpable delante de Dios, por eso necesita arrepentirse. El hombre debe poner la boca en el suelo y deponer sus armas. Sin arrepentimiento, el más virtuoso de los hombres no puede ser salvo. El pecado no es tanto un asunto de lo que hacemos, sino de quienes somos. El hombre no es pecador porque peca; peca por que es pecador. Nuestra naturaleza es pecaminosa. Nuestro corazón no es bueno como pensaba Jean-Jacques Rousseau, sino corrupto; no es neutro como pensaba John Locke, sino inclinado al mal.

4. *La predicación de Pedro fue específica en cuanto a la promesa* (Hch 2.38-40). Dos promesas son hechas para quien se arrepiente: una ligada al pasado y otra al futuro: remisión de pecados y el don del Espíritu Santo. Después que somos salvos, entonces podemos ser llenos del Espíritu. Primero el pueblo se vuelve hacia Dios de todo corazón, con lloro, ayuno, rasgando su corazón; después el Espíritu es derramado.

5. *La predicación de Pedro fue victoriosa en cuanto a los resultados* (Hch 2.41). Cuando hay poder en la predicación, vidas son salvas. La predicación de Pedro no solo produjo conversiones abundantes, sino también frutos permanentes. Ellos no solamente nacieron; también crecieron en la gracia de Jesús (Hch 2.42-47). Al ser convertidas, las personas fueron bautizadas, se integraron a la iglesia y perseveraban. Echaron raíces. Maduraron. Hicieron otros discípulos, y la iglesia se hizo irresistible.

El segundo sermón de Pedro en Jerusalén

La historia de un milagro, la sanidad de un paralítico en la puerta del templo de Jerusalén es seguida por un discurso explicativo de Pedro. El punto principal de esa historia es que el nombre de Jesús continúa con poder para obrar los mismos graciosos milagros de cura que, en los Evangelios, eran señales de la llegada del reino de Dios.

El apóstol Pedro aprovechó la oportunidad para predicar. De la misma forma que el incidente portentoso del Pentecostés sirvió de tema para su primer sermón, la sanidad del cojo se hizo pretexto para el segundo (Hch 3.11-26). En el primer sermón, cerca de tres mil personas fueron convertidas (Hch 2.41). En este segundo sermón, más de dos mil personas aceptaron la Palabra, subiendo el número de discípulos a cinco mil (Hch 4.4).

El crecimiento de la iglesia está directamente ligado a la predicación fiel de la Palabra. La predicación es el principal instrumento para producir el crecimiento saludable de la iglesia. El aspecto más notable en el segundo sermón de Pedro, tal como del primero, fue su factor cristo-céntrico. Desvió los ojos de la multitud del cojo sanado y de los apóstoles y los fijó en Cristo, a quien los hombres habían rechazado, matándolo, pero a quien Dios vindicó, resucitándolo de entre los muertos.

Vamos a destacar aquí diez puntos importantes:

En primer lugar, *un público atónito*.

Y teniendo asidos a Pedro y a Juan el cojo que había sido sanado, todo el pueblo, atónito, concurrió a ellos al pórtico que se llama de Salomón (Hch 3.11).

El pórtico de Salomón se encontraba al oriente del templo y era un corredor donde Jesús había ministrado (Jn 10.23) y donde la iglesia se reunía para adorar (Hch 5.12). La belleza de ese portón contrastaba con la miseria de ese mendigo. Su sanidad fue un milagro extraordinario. Como ya escribimos, el milagro no es el evangelio, pero abre puertas para la predicación del evangelio. El milagro no abrió el corazón del pueblo para aceptar la Palabra, pero juntó al pueblo, dando oportunidad a Pedro de predicar la Palabra. El pueblo estaba atónito porque el milagro de la sanidad del cojo era un hecho público, verificable e incontrovertible.

En segundo lugar, *un predicador fiel*.

Viendo esto Pedro, respondió al pueblo: Varones israelitas, ¿por qué os maravilláis de esto? ¿o por qué ponéis los ojos en nosotros, como si por nuestro poder o piedad hubiésemos hecho andar a éste? (Hch 3.12).

El pueblo se juntó para ver el milagro y estaba inclinado a atribuir a Pedro y Juan los méritos de aquel prodigio. Pedro corrige a la multitud y no acepta la gloria para sí mismo. Pedro era un predicador fiel. El poder para sanar no estaba en él, sino en el nombre de Jesús, el Nazareno. La gloria no pertenecía a Pedro y Juan, sino únicamente al Señor Jesús. Un hombre como Simón de Samaria decía de sí mismo que era un gran milagrero y se hacía pasar por algún grande (Hch 8.9-11). Pedro y Juan, sin embargo, rechazaban esa actitud de forma decidida. Aquellos que hoy hacen propaganda de pretendidos milagros, como si fueran hombres poderosos, están en contradicción con la enseñanza bíblica. Aquellos que encienden luces sobre sí mismos y buscan gloria para sí mismos están en total desacuerdo con las enseñanzas de las Escrituras.

En tercer lugar, *una conexión necesaria.*

> *El Dios de Abraham, de Isaac y de Jacob, el Dios de nuestros padres, ha glorificado a su Hijo Jesús* [...] (Hch 3.13).

La acción divina obrada en la vida de aquel cojo no era algo nuevo, inédito, extraño al legado que el pueblo ya había recibido. No hay discontinuidad entre el Antiguo y el Nuevo Testamento. El mismo Dios de los patriarcas que obró maravillas en el pasado es quien está actuando ahora, y eso por medio de Jesús, su santo siervo. Hay una conexión profunda entre el pasado y el presente. El Dios que hizo es el mismo que hace hoy. Él es el mismo ayer, hoy y siempre. El cristianismo no es una nueva religión. El mensaje de los cristianos trata del *Dios de Abraham, de Isaac y de Jacob, el Dios de nuestros padres*. Ese Dios es quien *ha glorificado a su Hijo Jesús*. Entonces, la historia de Jesús es la obra de ese único Dios vivo, que es el Dios de los patriarcas. Pedro usó varios nombres y títulos diferentes para describir a Jesús, como: Jesucristo, el Nazareno (Hch 3.6), siervo (Hch 3.13), santo y justo (Hch 3.14), el autor de la vida (Hch 3.15), el Profeta prometido por Moisés (Hch 3.22), la piedra rechazada que llegó a ser la piedra angular (Hch 4.11).

En cuarto lugar, *una acusación solemne.*

[...] a quien vosotros entregasteis y negasteis delante de Pilato, cuando éste había resuelto ponerle en libertad. Mas vosotros negasteis al Santo y al Justo, y pedisteis que se os diese un homicida, y matasteis al Autor de la vida, a quien Dios ha resucitado de los muertos, de lo cual nosotros somos testigos (Hch 3.13-15)

El mensaje de Pedro fue cortante como una espada. Él no predicó frente a un auditorio; él fusiló a sus oyentes con palabras contundentes. Los acusó de traicionar y negar a Jesús delante del gobernador romano. Los acusó de negar al santo y justo y preferir a Barrabás, un homicida, sobre Jesús, el Hijo de Dios. Los acusó de matar al autor de la vida, a quien Dios resucitó de entre los muertos. El actuar de Dios y el de Israel se contraponen punto por punto: Dios glorifica a Jesús, ellos lo entregan. Dios pone al santo y justo en medio de ellos, ellos lo niegan y a cambio piden la absolución de un homicida.

Dios les concede al autor de la vida, ellos lo matan. Ellos matan a Jesús, pero Dios los resucita de entre los muertos. Pedro no excusa a sus oyentes; más bien, les muestra su culpa extrema.

Pedro no predicó para agradar a su auditorio, sino para llevarlo al arrepentimiento. Pedro no era un defensor de la conveniencia, sino un embajador de Dios. Su intención no era arrancar aplausos de los hombres, sino azotarlos con el aguijón de la verdad.

El Calvario pudo haber sido la última palabra del ser humano, pero el sepulcro vacío fue la última palabra de Dios. Él glorificó a su Hijo, resucitándolo de entre los muertos y llevándolo de regreso al cielo. El Cristo entronizado había enviado su Espíritu Santo y obraba en el mundo por medio de la Iglesia. El mendigo sanado era prueba de que Jesús estaba vivo.

En quinto lugar, *un testigo inequívoco*.

Y por la fe en su nombre, a éste, que vosotros veis y conocéis, le ha confirmado su nombre; y la fe que es por él ha dado a éste esta completa sanidad en presencia de todos vosotros (Hch 3.16).

Pedro no era la fuente del poder que trajo sanidad al cojo. Él no aceptó ninguna alabanza de los hombres por el milagro sucedido. Él tenía plena conciencia de que el milagro público y verificable había sido obrado por Jesús, mediante la fe. No hay hombres poderosos; hay hombres llenos del Espíritu, usados por el Dios Todopoderoso. El hombre no es el agente de la acción divina; solo es el instrumento. El Jesús exaltado es quien realiza los milagros en la vida de la Iglesia, por el poder del Espíritu Santo, por medio de sus siervos. Nadie osaría negar el milagro, pues el mendigo estaba allí, delante de todos, en *perfecta salud* (3.16; 4.14). Si aceptaban el milagro, tenían que reconocer que Jesucristo es, verdaderamente, el Hijo de Dios y que su nombre tiene poder.

En sexto lugar, *un atenuante necesario*.

> Mas ahora, hermanos, sé que por ignorancia lo habéis hecho, como también vuestros gobernantes (Hch 3.17).

Después de la penetrante acusación de asesinato (Hch 3.15), Pedro ahora adopta un tono amable. Después de hacer una severa acusación a los judíos y a sus autoridades por haber traicionado, negado y matado a Jesús, el autor de la vida, Pedro atenúa su culpa, diciendo que lo hicieron por ignorancia. De igual modo, cuando Jesús estaba colgado en el lecho vertical de la muerte, suspendido en la cruz entre la tierra y el cielo, sufriendo dolores alucinantes y lacerado por la burla de la multitud sedienta de sangre, ora: [...] *Padre, perdónalos, porque no saben lo que hacen* [...] (Lc 23.34). En esa misma línea, el apóstol Pablo escribió:

> *Mas hablamos sabiduría de Dios en misterio, la sabiduría oculta, la cual Dios predestinó antes de los siglos para nuestra gloria, la que ninguno de los príncipes de este siglo conoció; porque si la hubieran conocido, nunca habrían crucificado al Señor de gloria* (1Cor 2.7-8).

Más tarde, el propio Pablo da su testimonio: *habiendo yo sido antes blasfemo, perseguidor e injuriador; mas fui recibido a misericordia porque lo hice por ignorancia, en incredulidad* (1Tim 1.13).

En séptimo lugar, *un propósito cumplido.*

> *Pero Dios ha cumplido así lo que había antes anunciado por boca de todos sus profetas, que su Cristo había de padecer* (Hch 3.18).

La maldad de los hombres no anula los propósitos divinos, ni la soberanía de Dios exime a los hombres de su responsabilidad. El hecho de que todos los profetas hayan anunciado que el Cristo de Dios padecería no eximió a los judíos de haber traicionado, negado y matado a Jesús. Los planes de Dios no pueden ser frustrados (Job 42.2).

En octavo lugar, *una exigencia clara*.

> *Así que, arrepentíos y convertíos, para que sean borrados vuestros pecados* (Hch 3.19).

Pedro dirigió este sermón a un pueblo religioso, y no a un pueblo pagano; a un público que aceptaba la ley de Dios y observaba atentamente sus rituales sagrados. Sin embargo, la religiosidad de ellos no era suficiente para salvarlos. Necesitaban arrepentirse y convertirse. El significado de *arrepentíos* (Hch 2.38) es aclarado por la adición de *convertíos*. Este verbo señala el acto de volverse del modo de vida antigua, especialmente de la adoración de los ídolos, a un nuevo modo de vida, basado en la fe y en la obediencia a Dios (Hch 9.35; 11.21; 14.15; 15.19; 26.18, 20; 28.27).

La cancelación de los pecados es resultado del arrepentimiento y de la conversión. Nadie nace salvo. Todos nacemos como hijos de ira. Todos necesitamos arrepentirnos y convertirnos. Arrepentirse o vivir, o no arrepentirse y morir. Sin el nuevo nacimiento, ninguno puede entrar en el reino de Dios (Jn 3.3, 5). En su sermón anterior (Hch 2.14-41), Pedro había explicado que la cruz era el lugar de intersección de la soberanía divina con la responsabilidad humana (Hch 2.23). En este segundo sermón, repite la misma verdad (3.17-18).

El arrepentimiento y la conversión son temas ausentes de muchos púlpitos hoy. Muchos predican para entretener al pueblo, en vez de llevarlo al arrepentimiento. Otros predican salvación sin necesidad de arrepentimiento y conversión. La predicación apostólica es categórica: no hay remisión de Dios sin arrepentimiento y conversión.

En noveno lugar, *una promesa bendita*. El apóstol Pedro proclama:

> [...] *para que vengan de la presencia del Señor tiempos de refrigerio, y él envíe a Jesucristo, que os fue antes anunciado; a quien de cierto es necesario que el cielo reciba hasta los tiempos de la restauración de todas las cosas, de que habló Dios por boca de sus santos profetas que han sido desde tiempo antiguo. Porque Moisés dijo a los padres: El Señor vuestro Dios os levantará profeta de entre vuestros hermanos, como a mí; a él oiréis en todas las cosas que os hable; y toda alma que no oiga a aquel profeta, será desarraigada del pueblo. Y todos los profetas desde Samuel en adelante, cuantos han hablado, también han anunciado estos días* (Hch 3.19-24)

El apóstol Pedro, después de exigir arrepentimiento y conversión y prometer la cancelación de los pecados, ahora, fundamentado en lo que dijeron los santos profetas de Dios, anuncia los tiempos de refrigerio y restauración de todas las cosas. La palabra griega que significa "refrigerio" aparece solamente aquí en el Nuevo Testamento, y solamente una vez en la Septuaginta (Éx 8.11). Es usada de forma figurada para hablar de la época mesiánica.

Es la gran época de alegría y reposo, que se entiende será traída por la venida del Mesías en su gloria. Esa restauración viene únicamente por medio de Jesús, el profeta semejante a Moisés, anunciado por todos los profetas desde Samuel, el descendiente de Abraham. No obstante, el rechazo de oír a Cristo redunda en condenación irremediable (Heb 2.2-4; 10.28-29).

En décimo lugar, *una aplicación pertinente*.

Vosotros sois los hijos de los profetas, y del pacto que Dios hizo con nuestros padres, diciendo a Abraham: En tu simiente serán benditas todas las familias de la tierra. A vosotros primeramente, Dios, habiendo levantado a su Hijo, lo envió para que os bendijese, a fin de que cada uno se convierta de su maldad (Hch 3.25-26)

Pedro concluye su sermón haciendo una aplicación personal, oportuna y poderosa, mostrando que sus oyentes eran hijos de los profetas y del pacto que Dios había establecido con Abraham. Por medio de Jesús, el descendiente de Abraham, todas las naciones de la tierra serían bendecidas. El Cristo resucitado está, ahora, por medio de la predicación apostólica, abriendo a ese pueblo del pacto las puertas de la bendición, pero esa bendición solo puede ser recibida por la ruptura definitiva con las perversidades. No hay promesa de salvación donde no existe la realidad del arrepentimiento. El resultado de ese sermón fue extraordinario. Muchos de los que oyeron la Palabra la aceptaron, subiendo el número de hombres a casi cinco mil (Hch 4.4).

El tercer sermón de Pedro

Los apóstoles están siendo acusados por las autoridades judías acerca de la sanidad del paralítico en la puerta del templo. Quieren saber con qué poder o en nombre de quién hicieron ese prodigio (Hch 4.5-7). Pedro responde con firme coraje, aprovechando la oportunidad para predicar su tercer sermón después del Pentecostés. Lucas registra la respuesta de Pedro, con las siguientes palabras:

> *Entonces Pedro, lleno del Espíritu Santo, les dijo: Gobernantes del pueblo, y ancianos de Israel: Puesto que hoy se nos interroga acerca del beneficio hecho a un hombre enfermo, de qué manera éste haya sido sanado, sea notorio a todos vosotros, y a todo el pueblo de Israel, que en el nombre de Jesucristo de Nazaret, a quien vosotros crucificasteis y a quien Dios resucitó de los muertos, por él este hombre está en vuestra presencia sano. Este Jesús es la piedra reprobada*

> *por vosotros los edificadores, la cual ha venido a ser cabeza del ángulo. Y en ningún otro hay salvación; porque no hay otro nombre bajo el cielo, dado a los hombres, en que podamos ser salvos* (Hch 4.8-12).

Pedro habló frente a una audiencia compuesta de los hombres más ricos, más intelectuales y más poderosos del país; no obstante, Pedro, el pescador de Galilea, estaba entre ellos más como un juez que como una víctima. Aquel era el mismo tribunal que meses antes había sentenciado a Jesús a la muerte. Los apóstoles sabían que podían recibir la misma sentencia. Sin embargo, ellos no se intimidaron. La Iglesia no puede obedecer las órdenes en el sentido de renunciar a su actividad más característica, el testimonio del Señor resucitado, aunque deba pagar el precio de su renuncia a callar.

Al ser interpelados por las autoridades (Hch 3.7-10), Pedro no atribuyó el milagro al propio poder ni se preocupa por su vida, por las amenazas, por la muerte. Él no aprovechó el momento para promoverse ni para decir que era un hombre poderoso. No atribuyó ninguna gloria a sí mismo por el milagro, sino que dio todo el crédito a Jesucristo, el Nazareno. Exalta a Jesús (Hch 3.10). Lo que el Enemigo más desea es que hagamos lo contrario. En las horas de sufrimiento, la primera pregunta no es: ¿qué hacer para ser libre del sufrimiento? La pregunta es: ¿qué hacer para que en esta situación de dolor el nombre del Señor sea glorificado? ¡El propósito último de nuestra vida es glorificar a Dios!

Pedro aprovecha la oportunidad para acusar a sus interrogadores, culpándolos de haber crucificado a Jesús, al mismo tiempo que proclama la acción de Dios al resucitarlo de entre los muertos. La defensa se transforma en anuncio directo, el reo se torna un claro testigo, el acusado para ser un acusador serio. Esta es la tercera vez que Pedro usa esa fórmula vívida: *a quien vosotros crucificasteis y a quien Dios resucitó de los muertos* (Hch 2.23-24; 3.15; 4.10). El apóstol deja meridianamente claro que Jesús es la piedra angular que los judíos rechazaron y el único Salvador debajo del cielo que puede dar al hombre la vida eterna. Justamente los "constructores", los responsables por la construcción de Israel habían despreciado la piedra Jesús como inútil. Dios, sin embargo, transformó preciosamente esa piedra en *piedra angular*. Jesús es la piedra fundamental que sustenta el edificio de la Iglesia (Ef 2.20; 1Cor 3.11). Él es la piedra final, que da sustento a todo el edificio. Jesús, rechazado por los especialistas eclesiásticos y teológicos, fue transformado por Dios en piedra angular.

Pedro pasa de la sanidad a la salvación, de lo particular a lo general. Él ve la sanidad física de un hombre como una ilustración de la salvación que es ofrecida a todos en Cristo. Los dos negativos (*ningún otro* y *no hay otro nombre*) proclaman la singularidad positiva del nombre de Jesús. Su muerte y resurrección, su exaltación y autoridad hacen de él el único Salvador, ya que ningún otro posee tales cualificaciones.

El cuarto sermón de Pedro

Después de la resurrección de Dorcas, Pedro continuó en Jope, ciudad costera, a la orilla del mar Mediterráneo. Allí se hospedó en la casa de Simón el curtidor (Hch 10.34-35). Dios estaba preparando el camino del evangelio para los gentiles colocando a Pedro en la casa de ese hombre, pues él trabajaba con pieles de animales. Todo individuo que tocaba un animal muerto quedaba impuro. Un judío jamás aceptaría quedarse en casa de un curtidor. Dios ya estaba llevando a Pedro a romper sus preconceptos y tabús.

En la terraza de la casa de Simón, Pedro tuvo una visión de un lienzo descendiendo del cielo con toda especie de animales impuros y la orden era: [...] *Levántate, Pedro, mata y come* (Hch 10.13). Pedro resistió a la visión que recibió. Él se contradijo cuando afirmó: [...] *Señor, no* [...] (Hch 10.14). La resistencia no fue de Cornelio para oír el evangelio, sino de Pedro en ir a la casa de un gentil a predicar el evangelio. Es posible decir "no" y es posible decir "Señor", pero no se puede decir "no, Señor". Si Jesús es, verdaderamente, Señor, solo podemos decirle "sí", y obedecer sus órdenes.

El evangelio de paz no hace distinción entre judío y gentil, hombre y mujer, doctor o analfabeto, religioso y ateo. El evangelio rompe murallas, despedaza cadenas, rompe tabús, quiebra preconceptos y hace de la iglesia un único pueblo, un único rebaño, una única familia. No importa el color de su piel, su tradición religiosa, el apellido de su familia; el evangelio está destinado a todos.

La lección que Dios enseñó a Pedro en esa visión de los animales limpios e impuros es que él removió las barreras que una vez había erigido para separar a su pueblo de las naciones circunvecinas. La barrera entre el judío cristiano y el samaritano cristiano había sido retirada cuando Pedro y Juan fueron a Samaria para aceptar a los creyentes samaritanos como miembros plenos de la iglesia. Ahora había llegado la hora de extender el mismo privilegio a los creyentes gentiles. No fue el hombre, sino Dios, quien removió la barrera que separaba al judío del gentil. Dios instruyó a Pedro a aceptar a los creyentes gentiles en el seno de la Iglesia cristiana. Dios, y no Pedro, abre las puertas del cielo a los gentiles. El propio Dios inaugura para Pedro una nueva fase del ministerio del evangelio (Hch 11.18).

Un ángel del Señor habló desde el cielo a Cornelio y le dio órdenes de parte de Dios, pero no le predicó el evangelio (Hch 10.4-5). Cornelio necesitó enviar mensajeros al apóstol Pedro en la ciudad de Jope, a cincuenta kilómetros de Cesarea, para que viniera a predicar el evangelio a él y su familia. ¿Cuál fue el contenido de la predicación de Pedro en la casa de Cornelio? El evangelio está centrado en la persona y en la obra de Cristo Jesús (Hch 10.36-43). Pedro va a la casa de Cornelio y predica el evangelio de la paz a él y su casa. El contenido del evangelio predicado por Pedro tiene algunos asuntos destacados:

El evangelio está centrado en la vida y en las obras portentosas de Cristo (Hch 10.38). Dios ungió a Jesús de Nazaret con el Espíritu Santo y poder para hacer el bien y sanar a todos los oprimidos por el diablo. Jesús liberó a los cautivos, sanó a los enfermos y libertó a los atormentados. Él perdonó pecados, sanó a los ciegos, limpió a los leprosos y resucitó a los muertos. A donde Jesús llegaba, llegaba la esperanza y la vida. Donde Jesús está, reina la vida y no la muerte. Donde Jesús está, las cadenas son despedazadas.

El evangelio está centrado en la muerte de Cristo (Hch 10.39), la muerte de Cristo es nuestra carta de emancipación. Él murió no como un mártir, sino como nuestro sustituto. Su muerte fue en nuestro lugar y a nuestro favor. Él murió para que pudiéramos vivir. Tenemos vida por su muerte.

El evangelio está centrado en la resurrección de Cristo (Hch 10.40-41). Dios resucitó a Jesús de entre los muertos. Él rompió las cadenas de la muerte. Abrió la tumba de dentro hacia fuera. Venció el pecado, la muerte y el diablo. Él ahora tiene las llaves de la muerte y del infierno. Él tiene el aguijón de la muerte. La muerte ya no tiene la última palabra.

El evangelio está centrado en el señorío de Cristo (Hch 10.36, 42). Jesús es el Señor de todos (Hch 10.36) y el juez de vivos y muertos (Hch 10.42). Todos tendrán que comparecer delante de él para dar cuentas de su vida. Toda rodilla se doblará, y toda lengua confesará que Jesucristo es Señor, para la gloria de Dios Padre.

El evangelio ofrece remisión de pecados para todo el que cree (Hch 10.43). La remisión de pecados, el perdón de los pecados, la salvación, la vida eterna, no es alcanzado por las obras ni por la religión, sino por creer en Cristo. Quien cree tiene la vida eterna (Jn 6.47). El que cree en Jesús no perece, sino que tiene vida eterna (Jn 3.16). Estoy de acuerdo con Matthew Henry cuando dice que Dios nunca justificó y salvó, ni justificará y salvará a un judío impío que vivió y murió impenitente, aunque sea descendiente de Abraham (Rom 9.7), y hebreo de hebreos (Fil 3.5), y tenga todas las honras y ventajas pertenecientes a la circuncisión. Dios retribuirá indignación e ira, tribulación y angustia sobre toda alma de hombre que hace el mal, en primer lugar al judío, cuyos privilegios y religión, que en lugar de protegerlo del juicio de Dios, agravan su culpa y condenación (Rom 2.3, 8, 9, 17). Al mismo tiempo, Dios nunca ha rechazado o rehusado, ni nunca rechazará o rehusará a un gentil justo que, aunque no tiene los privilegios y ventajas que los judíos tenían, como Cornelio, teme a Dios, lo adora y hace lo que es justo (Hch 10.35). Dios juzga a los hombres por el corazón, no por su nacionalidad o ascendencia.

Aquellos que reciben el evangelio reciben el Espíritu Santo y deben ser integrados a la iglesia (Hch 10.44-48). Los gentiles creyeron, fueron bautizados con el Espíritu Santo, e inmediatamente fueron también bautizados con agua e integrados a la iglesia. Todo el que cree debe integrarse a la iglesia de Dios por medio de la pública profesión de fe y del bautismo. Jesús dijo: *El que creyere y fuere bautizado, será salvo* [...] (Mr 16.16). El bautismo es el sello de que alguien pertenece a la Iglesia de Cristo Jesús. Todos en la casa de Cornelio ansiaban de corazón esa marca clara y pública. El bautismo es al mismo tiempo la acción del propio Jesús, por medio de la cual acoge a las personas como su propiedad, asegurándoles que participan de su muerte y resurrección. Por medio del bautismo, los creyentes pasan a pertenecer a Jesús, y Jesús pasa a pertenecer a ellos. El agua del bautismo es un símbolo del Espíritu Santo. No se puede negar el signo (el agua del bautismo) a los que reciben lo que el signo representa (el Espíritu Santo). Aquellos a quienes Dios concedió graciosamente el pacto, tienen el derecho claro a los sellos del pacto.

8

PEDRO,
un defensor del evangelio

Las repercusiones del ministerio de Pedro en Cesarea llegaron a Jerusalén. La noticia de la conversión de los gentiles sacudió a la Iglesia judía. Tanto los apóstoles como los demás hermanos de la Iglesia en Jerusalén fueron impactados por esa información.

Pedro defiende el evangelio en Jerusalén

Luego que Pedro regresó a su base, en Jerusalén, los miembros de la Iglesia que eran del grupo de la circuncisión lo interpelaron (Hch 11.1-3). El problema de ellos no era tanto el evangelio, sino la cultura. No estaban molestos porque Cornelio y su casa hubieran recibido la Palabra de Dios, ni tampoco porque hubieran recibido el Espíritu Santo, sino porque Pedro entró en casa de un gentil y comió con él. Las barreras culturales estaban todavía muy altas en la mente de esos creyentes judíos.

Un judío conservador no podría conversa con un gentil. Apenas se concebía que un judío entrara en la casa de un gentil por algún motivo práctico, pero era totalmente increíble que se sentara a comer con él.

Algunos puntos importantes

Una noticia alentadora (Hch 11.1). La noticia de la conversión de los gentiles salió de Cesarea y llegó a Jerusalén. Los apóstoles y los hermanos de la iglesia-madre son informados de cómo Cornelio y su casa aceptaron la Palabra de Dios. En este informe ciertamente hay una mezcla de alegría y también de preocupación, pues es la primera vez que un grupo de gentiles está siendo salvo y recibiendo el Espíritu Santo.

Un interrogatorio minucioso (Hch 11.2, 3). Algunos miembros de la iglesia de Jerusalén, miembros del partido de la circuncisión, discutieron con Pedro acerca de su actitud de haber entrado en casa de un gentil y haber comido con él. Estos judíos no se escandalizaron porque Pedro predicó el evangelio a los gentiles, ni siquiera por haber recibido a estos gentiles convertidos a la fe cristiana; más bien, quedaron perplejos porque Pedro tuvo comunión con esos gentiles, al punto de entrar en casa de ellos y haber comido con ellos. La barrera cultural se levantaba como una muralla infranqueable en la mente de estos judíos creyentes.

Una exposición detallada (Hch 11.4-17). Frente al interrogatorio de los miembros del partido de la circuncisión, Pedro hizo una exposición detallada de su experiencia.

Al defenderse en Hechos 11, él presentó tres evidencias: la visión divina (Hch 11.5-11), el testimonio del Espíritu (Hch 11.12-15, 17) y el testimonio de la Palabra (Hch 11.16). Pedro necesitó de cuatro golpes de revelación divina antes de que su preconcepto racial y religioso fuera vencido: la visión divina, la orden divina, la preparación divina, y la acción divina.

Primero, *la visión divina* (Hch 11.5-10). Dios ya estaba preparando a Pedro para romper sus preconceptos y escrúpulos judíos. Pedro estaba en Jope hospedado en la casa de Simón, el curtidor (Hch 9.43). Una persona que trabajaba con cuero y lidiaba con animales muertos era considerada impura, y estrictamente Pedro no podía quedarse en su casa. Aún más, es en la terraza de esa casa donde Pedro tiene la visión del lienzo que desciende del cielo con animales inmundos. Esta visión tenía como propósito desarmar a Pedro de sus escrúpulos judíos. Tenía como objetivo romper la barrera cultural. El evangelio rompe barreras y preconceptos. Dios habló con Pedro por medio de la visión tres veces, y le ordenó expresamente no considerar inmundo lo que Dios había purificado. Pedro, entonces, entendió que los animales puros e impuros (una distinción abolida por Jesús) simbolizaban personas puras e impuras, circuncisas e incircuncisas. El lienzo es la Iglesia, que iría a contener todas las razas y clases, sin distinción alguna.

Segundo, *la orden divina* (Hch 11.11-12). El mismo Dios que trabajó en el corazón de Cornelio en Cesarea estaba trabajando en el corazón de Pedro en Jope.

Cuando Pedro terminó de tener la visión, los mensajeros de Cornelio ya estaban a la puerta de la casa donde él estaba hospedado. En ese momento, el Espíritu Santo ordenó que Pedro fuera con ellos a casa de Cornelio, sin vacilación o distinción. Pedro no podía resistir más. La predicación del evangelio a los gentiles era una ordenanza divina. Esta orden no era para ser cuestionada ni aplazada, sino obedecida inmediatamente. Sin embargo, Pedro toma el cuidado de llevar consigo a seis judíos que estaban con él en Jope para que testificaran de los acontecimientos en la casa de Cornelio. Eso es significativo, porque según la costumbre de la época, eran necesarias siete personas para probar completamente un hecho, y en la ley romana eran necesarios siete sellos para autenticar un documento realmente importante, como un testamento.

Tercero, *la preparación divina* (Hch 11.13-14). En Cesarea, el Señor dijo a Cornelio que mandara a buscar a Pedro en Jope y le dijeran, en Jope, que fuera a casa de Cornelio, en Cesarea, sincronizando perfectamente los dos acontecimientos. Al llegar a casa de Cornelio, este contó a Pedro y sus compañeros cómo el ángel se le apareció y le ordenó enviar emisarios a Jope con el propósito de llevar a Pedro a su casa para predicarles palabras mediante las cuales él y su familia serían salvos. Vale resaltar que las virtudes de Cornelio, aunque eran vistas en la tierra y en el cielo, reconocidas por los hombres y por Dios, no eran suficientes para su salvación. También es importante destacar que el ángel de Dios podía hablar con Cornelio, pero no predicarle el evangelio. Esa sublime tarea fue confiada a la iglesia, y no a los ángeles. Es de la más alta importancia apuntar que la salvación viene por medio de la predicación del evangelio. El mensaje que Pedro predicó en la casa de Cornelio fueron palabras que señalaban hacia la muerte, resurrección, ascensión y señorío de Cristo. El evangelio de la salvación es Cristocéntrico.

Cuarto, *la acción divina* (Hch 11.15-17). Pedro todavía estaba predicando en la casa de Cornelio cuando el Espíritu Santo cayó sobre ellos. La misma experiencia vivida en el Pentecostés, en Jerusalén, ahora se repite en Cesarea en la casa de Cornelio. Este fue el Pentecostés gentil en Cesarea, que correspondía al Pentecostés judío en Jerusalén. Lo que había acontecido a los judíos ahora acontece a los gentiles. El bautismo del Espíritu Santo aquí es simultáneo a la salvación de Cornelio y su familia, y no una bendición posterior. La salvación de los gentiles, evidenciada por el derramamiento del Espíritu, era una obra venida del cielo, y Pedro no podía resistir más a Dios. Estaba probado que Dios había recibido a los gentiles convertidos en su familia, en igualdad de condiciones con los convertidos judíos.

El comentario de Pedro resalta que la experiencia de los gentiles convertidos fue la misma que la de aquellos que recibieron originalmente el Espíritu en el principio, esto es, en el día de Pentecostés. No hay nada que pueda sugerir una posición de "ciudadanos de segunda clase" para los gentiles. Pedro toma por cierto que el Espíritu Santo es dado a aquellos que creen en el Señor

Jesucristo; el bautismo con agua es conferido a quien hace una declaración de fe.

Un resultado glorioso (Hch 11.18). No solo Pedro fue convencido por la evidencia irrefutable, sino también la iglesia de Jerusalén. Dejaron de criticar y pasaron a alabar. El relato de Pedro trajo paz a la Iglesia y gloria al nombre del Señor. Los creyentes judíos reconocieron que Dios dio a los gentiles arrepentimiento para vida. La salvación es dirigida a todos los pueblos, y el evangelio debe ser compartido con judíos y gentiles.

Pedro defiende el evangelio en el concilio de Jerusalén

Por segunda vez Pedro defiende el evangelio, ahora en el concilio de Jerusalén. Ese episodio está registrado en Hechos 15. Este capítulo es esencial para el cristianismo. Es un divisor de aguas en la historia de la Iglesia. La decisión tomada en este concilio liberó el evangelio de sus incómodas vestimentas judías para llegar a ser el mensaje de Dios para toda la humanidad, dando a la Iglesia judío-gentil una identidad autoconsciente como el pueblo reconciliado de Dios, el único cuerpo de Cristo.

El avance misionero de la Iglesia enfrentó luchas externas e internas, persecución física y también doctrinal. Después que Pablo y Bernabé retornaron del primer viaje misionero y relataron a la Iglesia en Antioquía cómo Dios abrió a los gentiles la puerta de la fe, una nueva oleada de persecución surgió, movida por la envidia de algunos miembros de la secta de los fariseos (Hch

15.1, 5). Esos embajadores del judaísmo descendieron de Jerusalén, sin ninguna autorización de los apóstoles o representación de la Iglesia (Hch 15.24), y comenzaron a perturbar a los hermanos de Antioquía y pervertir el evangelio, afirmando que los gentiles debían ser circuncidados para ser salvos.

Si hubiera prevalecido esa actitud, inevitablemente el cristianismo no habría sido más que otra secta judía. La presencia de estos judaizantes en la congregación de Antioquía no tenía el propósito de expandir la Iglesia por medio del evangelismo; tampoco fueron allí para animar a los creyentes en su fe. Su propósito era colocar sobre los hombros de los hermanos una rígida demanda, especificando si ellos podían o no ser salvos; los fariseos insistían que el rito judío de la circuncisión es necesario para la salvación de los gentiles cristianos.

Estos maestros judíos legalistas eran de la congregación de Jerusalén, pero no fueron enviados por la Iglesia ni autorizados por los apóstoles (Hch 15.24). Identificados como los fariseos (Hch 15.5), fueron llamados por Pablo *falsos hermanos* (Gál 2.4), cuyo propósito era privar a los creyentes de su libertad en Cristo (Gál 2.1-10; 5.1-12).

A la carta a los Gálatas precede el concilio de Jerusalén. Durante el período en que Pablo permaneció en Antioquía, o incluso camino a Jerusalén, Pablo escribió esta epístola para combatir exactamente la influencia perniciosa de esos falsos maestros judaizantes que estaban perturbando a la iglesia con la predicación de *otro* evangelio, que de hecho no era evangelio (Gál 1.6-9). La influencia de esos *falsos hermanos* que descendieron de Jerusalén, diciendo falsamente que estaban representado a Santiago, fue tan fuerte que incluso los mismos Pedro y Bernabé fueron influenciados por ellos (Gál 2.11-14). Frente a la reprensión de Pablo, ambos volvieron a la sensatez, y, ahora, tanto Pedro como Bernabé estaban unidos a Pablo en el concilio de Jerusalén en defensa del evangelio de Cristo, rechazando las ideas de los judaizantes (Hch 15.7-12).

Los individuos del grupo de los fariseos que descendieron de Jerusalén a Antioquía no son mencionados por nombre. Ellos no descendieron para alegrarse con la Iglesia por las buenas nuevas de los campos misioneros. Al contrario, descendieron para arrojar un balde de agua fría en el entusiasmo y decir que los gentiles no podrían ser salvos a menos que se circuncidaran (Hch 15.1) y observaran la ley de Moisés (Hch 15.5).

Vamos a destacar aquí algunos puntos

Un ataque frontal al evangelio es hecho (Hch 15.1). Estos falsos maestros estaban enseñando que la fe en Cristo no es suficiente para la salvación. Estaban predicando que sin la observancia de la circuncisión los gentiles no podían ser salvos. Según estos maestros, los gentiles debían primero convertirse en judíos, para después llegar a ser cristianos.

Sin embargo, la gran pregunta es: ¿Puede el hombre ganar el favor de Dios? ¿Puede justificarse a sí mismo por sus propios esfuerzos? ¿Puede llegar a ser considerado justo delante de Dios por sí mismo y por la obediencia de la ley? La respuesta a estas preguntas es un retumbante ¡No! Nadie será justificado delante de Dios por las obras de la ley (Gál 3.11). Ningún ritual sagrado puede hacer al hombre aceptable delante de Dios. La circuncisión de la carne no puede purificar al hombre. La salvación es exclusivamente por la fe, y no por la fe más las obras. No es Cristo más la circuncisión, sino únicamente Cristo.

¿Por qué esos legalistas eran tan peligrosos? Ellos intentaban mezclar la ley y la gracia y colocar vino nuevo en odres viejos y frágiles (Lc 5.36-39). Cosían lo viejo rasgado del santuario (Lc 23.45) y ponían obstáculos en el camino nuevo y vivo hacia Dios abierto por Jesús al morir en la cruz (Heb 10.19-25). Reconstruían el muro de separación entre judíos y gentiles que Jesús derrumbó en el Calvario (Ef 2.14-16). Ponían el yugo pesado del judaísmo sobre los hombros de los gentiles (Hch 15.10; Gál 5.1) y pedían que la Iglesia saliera de la luz hacia las sombras (Col 2.16-17; Heb 10.1). Decían: "¡Antes de llegar a ser cristiano, el gentil debe hacerse judío! ¡No es suficiente simplemente creer en Jesucristo; también es necesario obedecer la ley de Moisés!" El lema de estos maestros judaizantes era "Jesús y circuncisión".

Un debate acalorado y atascado (Hch 15.2). Lucas emplea el término griego *stasis*, "sedición", para describir la feroz controversia. La contienda se hizo tan exacerbada justamente porque cada uno creía tener a su favor la pura palabra bíblica. Pablo y Bernabé enfrentaban a estos falsos maestros. No aceptaban esa imposición herética. Defendían la verdad con todo el vigor.

Lo que estaba en juego aquí no era una un asunto periférico, sino la misma esencia del cristianismo. Estos fariseos, llamados por Pablo *falsos hermanos* (Gál 2.4), estaban haciendo de la circuncisión una condición necesaria para la salvación. Ellos decían a los convertidos gentiles que la fe en Cristo no era suficiente para la salvación. Los creyentes gentiles debían añadir la circuncisión a la fe, y a la circuncisión, la observancia de la ley. En otras palabras, ellos debían permitir que Moisés completara lo que Jesús había comenzado y permitir que la ley completara el evangelio. El camino de la salvación estaba en juego. El evangelio estaba siendo cuestionado.

Los fundamentos básicos de la fe cristiana estaban siendo minados. No eran algunas prácticas cultuales judías que estaban en juego, sino la verdad del evangelio y el futuro de la Iglesia. Además de que estos fariseos eran falsos hermanos, también eran mentirosos, pues decían que habían venido a Antioquía enviados por Santiago (Gál 2.12). Pero en el concilio de Jerusalén quedó claro que esos embajadores del judaísmo fueron a Antioquía por cuenta propia, sin ninguna autorización por parte de la Iglesia (Hch 15.24).

Un relato minucioso es dado (Hch 15.3-4). Pablo y Bernabé viajaron a Jerusalén, y a lo largo del camino, pasando por las provincias de Fenicia (hoy Líbano) y Samaria, iban relatando la conversión de los gentiles. El resultado de ese testimonio elocuente es una inmensa alegría en el corazón de los creyentes. Justo González escribe que Pablo y Bernabé, con relación a la admisión de los gentiles, tenían amplio apoyo no solo en Antioquía, sino también en Fenicia y Samaria, donde ellos no habían trabajado. Cuando los dos pioneros llegaron de la evangelización entre los gentiles, los apóstoles, los ancianos y toda la comunidad cristiana de Jerusalén acogieron con alegría a Pablo y Bernabé, y ellos relataron todo lo que Dios había hecho con ellos.

Un conflicto inmediato es instalado (Hch 15.5). Algunos miembros del partido de los fariseos inmediatamente se opusieron a los apóstoles y golpearon el pie, diciendo que era necesario que los gentiles fueran circuncidados y cumplieran la ley de Moisés para ser salvos. Así negaban la obra suficiente de Cristo para la salvación.

Frente al impase levantado por algunos miembros de la secta de los fariseos, perturbando la Iglesia y pervirtiendo el evangelio, fue instalado el concilio, formado por los apóstoles y ancianos, (Hch 15.6). Siguió el debate sobre el asunto en pauta. ¿Sería necesario aún a los gentiles someterse a los ritos judíos para ser salvos? ¿Sería el judaísmo un complemento del cristianismo? ¿Serían las obras de la ley una necesidad complementaria a la fe? ¿Sería el sacrificio de Cristo insuficiente para salvar al pecador?

El apóstol Pedro fue una pieza fundamental en el proceso de esclarecimiento de la verdad en este concilio (Hch 15.7-10). Él era un líder en la Iglesia y su palabra tenía mucho peso. Pedro ya había tenido un serio problema en Antioquía cuando dejó de tener comunión con los creyentes gentiles. Fue duramente exhortado por Pablo (Gál 2.11-14). Ahora, revelando humildad, se posiciona firmemente contra la bandera levantada por los fariseos. El discurso de Pedro tuvo el mismo efecto que su palabra había tenido en el pasado después de los acontecimientos en casa de Cornelio. En aquella ocasión (...) *ellos se tranquilizaron* (Hch 11.18). *Entonces toda la multitud calló* (...) (Hch 15.12). Los comentarios de Pedro resaltan una sola lección básicamente simple. Él apeló a la experiencia.

Tres verdades son proclamadas por Pedro

Dios escogió a Pedro para abrir la puerta de la fe a los gentiles (Hch 15.7). El Señor Jesús puso en las manos de Pedro las llaves del reino (Mt 16.19), y él las usó para abrir la puerta de la fe a los judíos (Hch 2.14-36), a los samaritanos (Hch 8.14-17) y a los gentiles (Hch 10.1-48). En otras palabras, Pedro predicó a los judíos en Pentecostés, predicó a los samaritanos en Samaria y predicó al gentil Cornelio en Cesarea. No fue comisionado a predicar la fe más las obras, sino la fe en Cristo como única condición para la salvación. Los apóstoles y hermanos de Judea censuraron a Pedro por visitar a los gentiles y comer con ellos, pero él presentó delante de ellos una defensa satisfactoria (Hch 11.1-18). A pesar de que Pablo sea conocido como el apóstol de los gentiles, y Pedro como el apóstol de los judíos, esas designaciones no deben ser tomadas de forma muy restringida (Gál 2.7-9). Por las palabras de despedida de Pablo a los ancianos de Éfeso, sabemos que él predicó el evangelio a ambos, judíos y griegos (Hch 20.21). De igual manera, Pedro no restringió su ministerio a los judíos. Él viajó de manera extensiva hasta Corintio, Asia Menor y Roma, encontrando igualmente tanto a judíos como a gentiles, conforme atestiguan sus epístolas y también las de Pablo.

Dios envió el Espíritu Santo a los gentiles (Hch 15.8). Cuando los gentiles creyeron en Cristo, Dios confirmó la legitimidad de esa experiencia, enviándoles el Espíritu. El Espíritu no fue dado a los gentiles mediante la observancia de la ley, sino por el ejercicio de la fe (Hch 10.43-46; Gál 3.2).

Dios eliminó una diferencia (Hch 15.9). Dios no hace diferencia entre judíos y gentiles. La salvación es concedida no como resultado de las obras ni por causa de la raza. Dios trata tanto a judíos como a gentiles de la misma manera. Ambos tienen el corazón purificado por la fe, y no por la práctica de las obras de la ley. Jesús enseñó que las leyes alimenticias judías no tenían ninguna relación con la santidad interior (Mr 7.1-23), y Pedro aprendió de nuevo esa lección cuando recibió la visión en la terraza en Jope. Dios no hace distinción alguna entre judíos y gentiles en lo que se refiere al pecado (Rom 3.9, 22) y la salvación (Rom 10.9-13).

Dios removió el yugo de la ley (Hch 15.10). La declaración más enfática de Pedro y su exhortación más contundente fueron acerca de la remoción del yugo de la ley. La ley era un yugo que pesaba sobre los judíos, pero ese yugo había sido removido por Jesús (Mt 11.28-30; Gál 5.1-10; Col 2.14-17). La ley no tiene poder para purificar el corazón del pecador (Gál 2.21), para conceder el don del Espíritu (Gál 3.2), ni para dar vida eterna (Gál 3.21). Aquello que la ley era incapaz de hacer, Dios lo realizó por medio de su Hijo (Rom 8.1-4). La lección aquí no es que la ley es un fardo opresivo, sino que los judíos eran incapaces de obtener la salvación a través de esta; de ahí su irrelevancia en lo que respecta a la salvación. Por el contrario, según dijo Pedro, los judíos necesitan creer a fin de ser salvos mediante la gracia de Dios (Hch 15.11). Si tanto los judíos como los gentiles son salvos de esta manera, es claro que la obediencia a la ley no es exigida a los gentiles. Podemos añadir que ni siquiera de los judíos se exige la obediencia a la ley como medio de salvación (Gál 5.6).

Pedro no sugiere que el concilio debe abolir la ley. Su objeción es con respecto a hacerla una precondición para la salvación. Tanto los judíos como los gentiles son salvos de la misma manera. No hay dos modos de salvación. No hay un criterio diferente para los judíos y otro para los gentiles. La salvación es por la gracia, y no por las obras; es recibida por la fe, y no por merecimiento. Procede de aquello que Cristo hizo por nosotros, y no de aquello que hacemos para él. La salvación no es un camino abierto de la tierra hacia el cielo y del hombre hacia Dios. La salvación no es una obra humana. La salvación es planeada por Dios, ejecutada por Dios y consumada por Dios.

PEDRO,
un hombre que obró milagros

El libro de Hechos, aunque sea conocido como Hechos de los Apóstoles, destaca especialmente el ministerio de Pedro y Pablo. Estos dos apóstoles son destacados como predicadores y obradores de milagros. El libro de Hechos registra varios milagros obrados por Pedro y otros experimentados por él.

El primer milagro obrado por Pedro fue la sanidad del paralítico en la Puerta Hermosa del Templo (Hch 3.1-3). Ese milagro dio a Pedro la oportunidad de predicar su segundo sermón en Jerusalén, elevando el número de creyentes a cinco mil.

El segundo milagro fue la muerte instantánea de Ananías y Safira, un claro juicio de Dios por la hipocresía de esa pareja que, para ganar notoriedad en la iglesia, mintió al Espíritu Santo (Hch 5.1-11).

El tercer milagro ocurrió en Jerusalén, cuando los enfermos eran llevados por las calles y puestos *en camas y lechos, para que al pasar Pedro, al menos su sombra cayese sobre alguno de ellos. Y aun de las ciudades vecinas muchos venían a Jerusalén, trayendo enfermos y atormentados de espíritus inmundos; y todos eran sanados* (Hch 5.15-16).

El cuarto milagro aconteció en Lidia, cuando Pedro sanó al paralítico Eneas (Hch 9.32-35). Después de relatarnos la conversión de Saulo, Lucas, el escritor de Hechos, vuelve su atención a Pedro. Al comienzo de la persecución de la iglesia, los apóstoles juzgaron prudente permanecer en Jerusalén (Hch 8.1b), pero ahora que la Iglesia estaba disfrutando un tiempo de paz (Hch 9.31), se sintieron libres para dejar la ciudad. De esa forma Pedro inicia su ministerio itinerante (Hch 9.32a), predicando el evangelio y visitando a los santos (Hch 9.32b).

La sanidad de Eneas fue algo maravilloso. Él era paralítico, y hacía ocho años que estaba en cama. Pedro le dijo: (...) *Eneas, Jesucristo te sana; levántate, y haz tu cama. Y en seguida se levantó* (Hch 9.34). De manera todavía más nítida que en la sanidad del mendigo lisiado de Hechos 3, aquí Jesús es inmediatamente destacado como el verdadero y único dador de la sanación. Por la autoridad de su nombre, el Cristo resucitado restableció a Eneas completamente. La sanidad fue instantánea, y el hombre consiguió levantarse y arreglar su cama (Hch 9.34). Llegó a ser un milagro ambulante, pues todos aquellos que vieron este hecho extraordinario en Lida y Sarón se convirtieron al Señor (Hch 9.35).

El quinto milagro aconteció en Jope. En Hechos 9.36-43 tenemos el registro de la resurrección de Dorcas (*Tabita* = gacela), una mujer notable por las buenas obras y limosnas que hacía. Ella vivía íntegramente dedicada a la beneficencia y ayuda al prójimo. Cuidaba especialmente de las viudas. Esta notable sierva del Señor enfermó y murió, y los hermanos pusieron su cuerpo en el cenáculo. No había registro hasta entonces de que los apóstoles hubieran sido usados por Dios para la resurrección de muertos. Eso muestra la fe y la confianza de los creyentes de Jope en mandar a buscar a Pedro en Lida. Pedro llegó y mandó que las personas que estaban llorando y lamentando salieran del cuarto, pues el milagro que estaba por suceder allí no era un espectáculo, y él, poniéndose de rodillas, oró y, volteándose hacia el cuerpo, dijo: (...) *Tabita, levántate. Y ella abrió los ojos, y al ver a Pedro, se incorporó. Y él, dándole la mano, la levantó; entonces, llamando a los santos y a las viudas, la presentó viva* (Hch 9.40-41). ¡Qué diferencia fundamental con relación a todas las prácticas fetichizas y milagreras de cuño ocultista! Aquí no son susurradas fórmulas mágicas, no se cita ningún nombre misterioso, ni se realizan bendiciones. Se emite una orden cordial, y se espera con fe que esa orden, posible como tal, se cumpla por la acción de Dios.

Así como la sanidad de Eneas, la resurrección de Dorcas atrajo la atención del pueblo, y muchos creyeron en Jesucristo (Hch 9.42). Pedro permaneció muchos días en Jope, en casa del curtidor llamado Simón (Hch 9.43). Fue en esa ciudad donde siglos antes el profeta Jonás huyó de Dios a Tarsis para no predicar a los gentiles de

Nínive. Fue en esa ciudad donde Dios constriñó a Pedro para ir a casa de Cornelio, un gentil, para predicarle el evangelio. El hecho de que la visión de Pedro sucediera en Jope es muy relevante, pues fue en Jope que Jonás, cuando Dios lo llamó para ir a Nínive, tomó un barco hacia la dirección opuesta, para Tarsis (Jon 1.3). El verdadero nombre de Pedro era Simón, hijo de Jonás (Mt 16.17). Ahora, este Simón, hijo de Jonás, como el Jonás anterior y en la misma ciudad de Jope, oye el llamado enviándolo más allá de los límites del pueblo de Israel.

Hechos 10 nos habla de una de las más importantes conversiones de la historia. En el capítulo 9, vemos la conversión de un perseguidor implacable. En el capítulo 10, la conversión de un hombre piadoso. Estas son las dos más importantes conversiones retratadas en el libro de Hechos. En medio de estas, vemos dos milagros, la sanidad de Eneas, un paralítico, y la resurrección de Dorcas. Ambos, fueron obrados por el poder de Jesús. Fueron señales de la salvación en Jesús y resultaron en su gloria.

En el capítulo 9, vemos el gran milagro de un paralitico andando y otro milagro aún mayor, el de una muerta resucitada; pero en el capítulo 10 de Hechos vemos el mayor de todos los milagros, el milagro de la conversión de un hombre a Jesús.

Pedro experimenta muchos milagros de Jesús

Pedro anduvo con el Hijo de Dios durante tres años y vio muchos de sus milagros. Vio a los ciegos recibir la vista, a los sordos oír, a los mudos hablar, a los leprosos siendo purificados, a los cojos y los paralíticos andar, a los hambrientos y los muertos resucitar.

El propio Pedro fue objeto de algunos de esos extraordinarios milagros. En cierta ocasión, en el mar de Galilea, Pedro, movido por la fe en Cristo, caminó sobre las aguas (Mt 14.29).

En el interior de su casa, vio a Jesús levantar a su suegra de la cama, víctima de fiebre alta (Lc 4.38-39).

En dos ocasiones, por intervención directa de Jesús, Pedro fue testigo de pescas milagrosas. La primera cuando fue llamado al ministerio (Lc 5.1-11), y la segunda cuando fue restaurado al ministerio (Jn 21.1-14).

Encerrado en la prisión pública de Jerusalén, Pedro y los demás discípulos fueron sacados de allá por el ángel del Señor (Hch 5.17-19).

Antes de la fiesta de la Pascua, Herodes Agripa I mandó a pasar a filo de espada al apóstol Santiago, encerrando a Pedro en una prisión de máxima seguridad, para ejecutarlo después de la fiesta (Hch 12.1-4). Pedro estaba custodiado por cuadro escoltas de cuatro soldados cada una, y tenía las manos encadenadas. Sin embargo, había oración incesante de la iglesia a su favor. Entonces, en la última noche, mientras Pedro dormía en la cárcel, un ángel del Señor fue enviado a la prisión y despertó a Pedro, librándolo de sus cadenas y sacándolo de la prisión de máxima seguridad de Herodes (Hch 12.5-8). El mismo Herodes, que pensaba estar en el control para matar a Pedro, fue muerto por el ángel del Señor (Hch 12.23). El mismo Herodes que pensó impedir el crecimiento de la Iglesia murió, y la Palabra de Dios continuó floreciendo con poder (Hch 12.24). ¡El Pedro que hizo milagros fue el mismo que experimentó poderosos milagros en su propia vida!

PEDRO,
un escritor
inspirado por el Espíritu Santo

Pedro escribió dos epístolas. En la primera, animó a los creyentes dispersos a enfrentar victoriosamente el sufrimiento, y en la segunda, alertó a los creyentes sobre la amenaza de los falsos maestros.

La primera carta de Pedro

La primera carta de Pedro es considerada una carta católica, o general, dirigida a un grupo mayor de cristianos esparcidos por diversas regiones de Asia Menor. Es el más condensado resumen de la fe cristiana y de la conducta que inspira en todo el Nuevo Testamento. Su propósito principal está inconfundiblemente explícito: (...) *os he escrito brevemente, amonestándoos, y testificando que ésta es la verdadera gracia de Dios, en la cual estáis* (1P 5.12).

Pedro escribe a los forasteros y dispersos del Ponto, Galacia, Capadocia, Asia y Bitinia, cinco partes del

Imperio Romano, todas localizadas en Asia Menor (actual Turquía). Los cristianos que recibieron esta carta eran gentiles y judíos. Que eran en su mayoría gentiles se desprende del hecho de que Pedro describe su vida pasada como una vida de fútil proceder y también que antes no eran considerados *pueblo*, pero que ahora son *linaje escogido...pueblo adquirido por Dios*. Pedro usa tres palabras diferentes para describir a sus destinatarios:

Primero, él emplea la palabra griega *paroikos*, cuyo significado es "exiliados". Esta palabra describe a quien vive en un país extranjero. Un *paroikos* es alguien que está lejos de su hogar, en tierra extraña, y cuyos pensamientos siempre retornan a su patria. Esa residencia extranjera se llama *paroikia*, de donde viene nuestra palabra "parroquia". Los cristianos, en cualquier lugar, son un grupo de personas cuyos ojos se vuelven hacia Dios y cuya lealtad está más allá: *porque no tenemos aquí ciudad permanente, sino que buscamos la por venir* (Heb 13.14). El mundo es un puente por el cual el hombre sabio pasa, pero no edificará aquí su casa, pues el cristiano es un exiliado de la eternidad.

La segunda palabra griega que Pedro usa es *diáspora*, cuyo significado es "dispersión". Esta palabra era atribuida a los judíos dispersos por entre las naciones en virtud de la persecución, o incluso por intereses particulares. Ahora, esa misma palabra es atribuida a los cristianos esparcidos por el mundo por el viento de la persecución. La persecución, sin embargo, en vez de destruir a la Iglesia, la promueve. El viento de la persecución simplemente esparce la semilla, y cada creyente era una semilla que florecía donde estaba plantado.

La tercera palabra griega es *eklektos*, cuyo significado es "elegidos". Los cristianos fueron elegidos por Dios desde la eternidad, antes de la fundación del mundo. Elegidos en Cristo para la salvación. Elegidos para la salvación mediante la fe en la verdad y la santificación del Espíritu. Elegidos para la santidad y para ser irreprensibles.

El tema de la persecución a los cristianos que recorre toda esta epístola sugiere que Pedro la escribió cerca del año 63 d.C., poco antes de su martirio en Roma por orden de Nerón, lo que sucedió cerca del año 64 d.C. Los lectores de Pedro están pasando por un tiempo de prueba y persecución. Tal persecución asumirá forma de acusaciones calumniosas, ostracismo social, levantamientos populares y acciones policiales locales. El fuego de la persecución ya se estaba esparciendo, y los cristianos deberían estar preparados para enfrentar esos tiempos difíciles. El propio hecho de que alguien se declarara cristiano ya era motivo para sufrir retaliaciones. Los creyentes, entre tanto, deberían soportar con alegría el sufrimiento por causa de su fe. Pedro insta a los cristianos dispersos al coraje, la paciencia, la esperanza y la santidad de vida frente a los malos tratos de sus enemigos.

Se nos informa que Pedro escribió esta carta desde Babilonia (1P 5.13). La gran pregunta es saber a qué Babilonia se refiere Pedro. En aquella época había tres ciudades con ese nombre.

La primera era una pequeña ciudad al norte de Egipto, donde había un puesto avanzado del ejército romano. Allí había una comunidad de judíos y algunos cristianos, pero es muy poco probable que Pedro estuviera en esa región cuando escribió la epístola.

La segunda Babilonia se encontraba al oriente, junto al río Éufrates, en Mesopotamia. En esa ciudad también había una gran comunidad de judíos, y ciertamente en ese tiempo los cristianos ya la poblaban. Calvino era de la opinión de que Pedro escribió la carta desde el oriente, pues Pablo no hace referencia a Pedro en su carta a los Romanos ni cita a Pedro en las cinco cartas que escribió desde Roma.

La tercera Babilonia era Roma. Pedro habría usado el mismo recurso que el apóstol Juan usó en el libro de Apocalipsis (Ap 17.4-6, 9, 18; 18.10), refiriéndose a Roma por medio de un código, un lenguaje metafórico. La mayoría de los estudiosos, entre ellos los padres de la Iglesia Eusebio y Jerónimo, entendían que Pedro escribió su carta desde Roma y, por ser un tiempo de persecución, prefirió referirse a la capital del Imperio por medio de códigos.

La primera carta de Pedro es considerada la carta más pastoral y tierna del Nuevo Testamento. La nota dominante de la carta es el permanente aliento que Pedro da a sus lectores para que se mantengan firmes en su conducta incluso frente a la persecución.

La carta fue escrita para animar a los fieles a estar firmes durante el sufrimiento y llevarlos a la santidad. Pedro se dirige a los creyentes de Asia como un verdadero pastor que cuida de su rebaño, obedeciendo el mandamiento recibido de Cristo (Jn 21.15-17).

Los creyentes de Asia, más allá de estar esparcidos por las provincias romanas de Asia, todavía se sentían sin patria, sin suelo, como peregrinos. La dispersión no era solo geográfica. Ahora llegaban también los vientos furiosos de la persecución. La persecución alcanzaba a los creyentes, no porque ellos practicaran el mal, sino porque practicaban el bien. Los cristianos eran perseguidos no porque eran rebeldes, sino porque era sensatos. Ser cristiano pasó a ser ilícito en el Imperio. Los cristianos pasaron a ser cazados, dañados, torturados y muertos por el simple hecho de profesar el nombre de Cristo. Ese fuego ardiente de persecución no estaba alcanzando solo a los creyentes de Asia, sino que también se estaba esparciendo por todo el mundo.

Los cristianos no tenían patria permanente. Vivían dispersos por los rincones de la tierra, pero incluso podían en esas huídas constantes alegrarse en la salvación. Esa salvación fue planeada por Dios Padre, ejecutada por Dios Hijo y aplicada por Dios Espíritu Santo. La propia Trinidad estaba comprometida en esa gloriosa salvación, y los creyentes, aun probando el fuego ardiente de la persecución, deberían estar exultantes por causa de esa herencia inmarcesible y gloriosa.

La esperanza de la segunda venida de Cristo, igual que la consumación de todas las cosas, como un hilo dorado, recorre toda la epístola (1P 1.5, 7, 13; 2.12; 4.17; 5.1, 4). Estamos en el mundo, pero no somos del mundo. Nuestra herencia no está aquí. Nuestra recompensa no está aquí. Nuestra patria permanente no está aquí. Esperamos a nuestro Señor que está en el cielo. Jorge **Müller** escribió que toda la carta respira esa perspectiva, y repetidamente los lectores son exhortados a hacer de esta su perspectiva de vida.

La segunda carta de Pedro

La segunda carta de Pedro es también considerada una de las epístolas generales. Fue dirigida a iglesias e individuos. Semejante a las cartas a los Hebreos, Santiago, 1 Pedro y 1, 2, 3 Juan, circulaba entre las iglesias.

Después de presentarse, Pedro se dirige a sus destinatarios, denominándolos como *los que habéis alcanzado, por la justicia de nuestro Dios y Salvador Jesucristo, una fe igualmente preciosa que la nuestra* (2P 1.1). Es muy probable que estos hermanos fueran los mismos creyentes dispersos, *expatriados de la dispersión en el Ponto, Galacia, Capadocia, Asia y Bitinia* (1P 1.1). Estos creyentes, aunque perseguidos y dispersos, obtuvieron una fe preciosa. Fe en la justicia de Cristo, el mismo Dios encarnado, nuestro único Salvador. Pedro dice a sus lectores que esta es la segunda carta que está escribiendo (2P 3.1). La mayoría de los comentaristas entiende que se trata de una referencia a la primera carta de Pedro. Siendo así, los destinatarios de la segunda carta obviamente deben ser las mismas personas a las cuales 1 Pedro fue enviada, o sea, los cristianos de Asia Menor mencionados en 1 Pedro 1.1. Además, los lectores parecen estar familiarizados con las epístolas de Pablo (2P 3.15-16), toda vez que algunas de las cartas de Pablo fueron enviadas a los cristianos de Asia Menor.

Si el enfoque de la primera carta fue preparar a la Iglesia para enfrentar el sufrimiento que se esparcía, el propósito de esta epístola es alertar a la iglesia acerca de los falsos profetas. En esta segunda carta, Pedro advierte a los creyentes sobre los peligros de los falsos maestros que se infiltraron en las comunidades cristianas.

La primera epístola de Pedro trata del peligro de fuera de la iglesia: persecuciones. La segunda epístola de Pedro, del peligro de dentro de la iglesia: la falsa doctrina. La primera fue escrita para animar, y la segunda, para advertir. En la primera, se ve a Pedro cumpliendo su misión de fortalecer a los hermanos (Lc 22.32); en la segunda, cumpliendo su misión de pastorear a las ovejas, protegiéndolas de los peligros ocultos e insidiosos, para que anden en los caminos de la justicia (Jn 21.15-17). Se puede resumir el tema de la segunda carta de la siguiente manera: un conocimiento completo de Cristo es una fortaleza contra la falsa doctrina y contra la vida inmoral.

Los maestros heréticos, que mercadeaban con doctrinas falsas y practicaban una moralidad laxa, comenzaban a lanzar serias investidas contra la iglesia, infiltrándola. La segunda epístola de Pedro es una polémica contra los tales y, particularmente, contra la enseñanza de ellos en la cual negaban la realidad del regreso de Jesús. Pedro asevera el verdadero conocimiento de la fe cristiana a fin de hacer frente a aquella doctrina herética.

Pedro advierte a sus lectores acerca de los falsos profetas que aparecen con herejías destructoras, que corrompen a las personas (2P 2.1-2, 13-14). Asegura a los creyentes que esos falsos profetas serán repentinamente destruidos (2P 2.3-4). Pedro ejemplifica esa destrucción, citando el diluvio y Sodoma y Gomorra (2P 2.4-8). Compara a los falsos profetas con Balaam (2P 2.15-16). Alerta hacia el hecho de que esos maestros del engaño están decididos a desviar a los cristianos del camino de la verdad y de la santidad, prometiéndoles una falsa libertad que solo es libertinaje (2P 2.17-22).

Los falsos maestros del capítulo 2 son posiblemente los mismos burladores del capítulo 3. Esos herejes habían roto con la fe cristiana (2P 2.1, 20-21) para esparcir su veneno letal, sus herejías perniciosas. El apóstol Pedro hizo una lista de sus enseñanzas pervertidas: 1) Rechazan a Jesucristo y su evangelio (2P 2.1). 2) Repudian la conducta cristiana (2P 2.2). 3) Desprecian la autoridad (2P 2.10a), 4) Difaman a las autoridades superiores (2P 2.10b). 5) Son inmorales (2P 2.13-14). 6) Hablan de libertad, pero son esclavos de la depravación (2P 2.19). 7) Ridiculizan la doctrina del regreso de Cristo (2P 3.4). 8) Rechazan el juicio final (2P 3.5-7). 9) Distorsionan las enseñanzas de las epístolas de Pablo (2P 3.16). 10) Viven en pecado (2P 3.16).

Estos falsos maestros eran "antinomianos", o sea, usaban la gracia de Dios como justificación para pecar.

Ese grupo era una simiente de aquella devastadora herejía llamada "gnosticismo". Los gnósticos defendían la tesis que el espíritu es esencialmente bueno, y la materia esencialmente mala. El gnosticismo desembocó en el ascetismo por un lado y el libertinaje por el otro. Esos falsos maestros denunciados por Pedro decían que no importa lo que usted haga con el cuerpo; nada de eso afecta al hombre. Consecuentemente, llevaban una vida inmoral e inducían a otros a hacer lo mismo.

En una época en que la Iglesia cristiana da poco valor al estudio de la doctrina, cuando algunos incautos llegan incluso a afirmar que la doctrina divide en vez de edificar, necesitamos prestar atención al hecho de que la mayor amenaza para la Iglesia no es la pobreza ni la persecución, sino la herejía.

El gnosticismo devastó a la Iglesia en los tres primeros siglos. Esos maestros del engaño enseñaban que la verdad, especialmente la verdad última, no podía ser alcanzada por la mente, por el uso de la razón, ni siquiera por la investigación científica. El único camino para conocer la verdad de Dios era a través de la intuición mística que estaba más allá de las categorías de la razón y del testimonio experimental. El gnosticismo intentó mezclar el cristianismo con la filosofía griega y el dualismo oriental. Hoy, la Nueva Era ha sido el principal vehículo para esparcir las viejas doctrinas del antiguo gnosticismo.

La segunda epístola de Pedro desarrolla el tema escatológico del juicio divino, de la destrucción del mundo y de la promesa de cielos nuevos y tierra nueva. Especialmente en el capítulo 3, Pedro se refiere al día del Señor, que es el día del juicio, el día de Dios (2P 3.7-8, 10, 12).

Ningún otro libro del Nuevo Testamento posee detalles tan claros acerca del fin del universo. Pedro enseña la promesa de un cielo nuevo y una tierra nueva (2P 3.13; Is 65.17; 66.22; Ap 21.1). Pedro describe el cielo nuevo y la tierra nueva como lugares *en los cuales mora la justicia* (2P 3.13). Los cristianos, que ya son copartícipes de la naturaleza divina (2P 1.4) y esperan la entrada del reino eterno de nuestro Señor y Salvador Jesucristo (2P 1.11) disfrutarán para siempre de ese hogar en la nueva creación de Dios. Los cristianos ya experimentan en su vida de fe la tensión entre el "ya" y el "todavía no"; el "ahora" y el "entonces". Es en medio de la tenebrosa oscuridad de la apostasía que esa pequeña carta, osada y confiadamente, mira hacia delante a la venida de nuestro Señor Jesucristo.

Tanto la primera como la segunda carta de Pedro enfatizan la inspiración de las Escrituras (1P 1.23-25; 2P 1.20-21). Pedro entendía que las Escrituras del Antiguo Testamento fueron inspiradas por el Espíritu Santo, o sea, los escritores humanos no publicaron sus propias ideas, sino la revelación de Dios. Los escritores no eran la fuente del mensaje, sino sus portadores. Las Escrituras no son palabras de hombres, sino la Palabra de Dios, por medio de hombres santos, inspirados por el Espíritu Santo. Esa Palabra es inspirada, inerrante, infalible y suficiente. No puede fallar.

Pedro,
un hombre que nunca fue papa

El catolicismo romano enseña que Pedro fue el primer papa y que los papas son legítimos sucesores de Pedro. Esa tesis, sin embargo, es vulnerable y difícilmente puede ser probada. Veamos algunos importantes argumentos que prueban de forma perentoria que Pedro nunca fue papa.

En primer lugar, *el texto básico usado para probar el primado de Pedro ha sido malinterpretado por el catolicismo romano*. Para el catolicismo romano, Mateo 16.18, *Y yo también te digo, que tú eres Pedro, y sobre esta roca edificaré mi iglesia; y las puertas del Hades no prevalecerán contra ella*, es la carta magna del papado. La palabra "Pedro", del griego *pétros*, significa "fragmento de piedra", mientras que la palabra "piedra", del griego *pétra*, significa "piedra, roca". *Pétros* es un sustantivo masculino, mientras que *pétra* es un sustantivo femenino. Además, el demostrativo *taute* se encuentra en el femenino, uniéndose, por tanto, gramatical y lógicamente a la palabra femenina *pétra*, la que precede inmediatamente. El demostrativo femenino no puede concordar en número y género con el sustantivo masculino.

Si Cristo intentaba establecer a Pedro como fundamento de la Iglesia, hubiera dicho: "Tú eres Pedro, y sobre ti (*epi soi*) edificaré mi iglesia".

Además, todo el contexto cercano está enfocado en la persona de Cristo (Mt 16.13-23): 1) la opinión del pueblo acerca de él como Hijo del hombre (término mesiánico); 2) la opinión de los discípulos con respecto a él; 3) la correcta declaración de Pedro de su mesianidad y divinidad; 4) la declaración de Jesús que él es el fundamento, el dueño, el edificador y protector de la Iglesia; 5) la declaración que él vino para morir; 6) la demostración de su gloria en la transfiguración. No se trataba de una conversación particular de Pedro con Cristo, sino de una dinámica de grupo en la que Jesús discutía el propósito de su venida al mundo.

El contexto muestra que Jesús se está refiriendo a él mismo en la tercera persona desde el comienzo, y eso concuerda con el uso que hace de *pétra* en la tercera persona. Vea otros ejemplos donde Cristo usó la tercera persona: Juan 2.19, 21 y Mateo 21.42-44. Jesús elogió a Pedro por la inspirada declaración que Cristo es el Hijo del Dios vivo, y sobre esa *pétra*, Cristo, la Iglesia es fundada.

Los teólogos romanos dicen que, "Cefas" en el arameo significa "piedra". Pero en el arameo, "Cefas" no es traducido por *pétra*, piedra, sino por *pétros*, fragmento de piedra (Jn 1.42). Otro punto importante es que "piedra", *pétra*, es raíz, y Pedro, *Pétros* se deriva de *pétra*, y no *pétra* de *Pétros*; así como Cristo no viene de cristiano, sino cristiano de Cristo.

El catolicismo romano además dice que si Cristo es el fundamento de la Iglesia no puede ser el edificador. Pero aquí hay una superposición de imágenes, como en Juan 10 donde Jesús dice que él es el pastor de las ovejas y también la puerta de las ovejas.

Es importante observar que en el Antiguo Testamento *pétra* nunca es usado para ningún hombre, sino solo para Dios (Is 28.16; Sal 118.22).

Además de los argumentos anteriores, tenemos todavía la prueba incuestionable que Pedro no es la piedra sobre la cual la Iglesia está edificada, porque el propio Pedro aclaró este asunto. Después de ser encarcelado por el Sanedrín, el apóstol Pedro proclamó delante de sus autoridades religiosas de Jerusalén:

> *Sea notorio a todos vosotros, y a todo el pueblo de Israel, que en el nombre de Jesucristo de Nazaret, a quien vosotros crucificasteis y a quien Dios resucitó de los muertos, por él este hombre está en vuestra presencia sano. Este Jesús es la piedra reprobada por vosotros los edificadores, la cual ha venido a ser cabeza del ángulo. Y en ningún otro hay salvación; porque no hay otro nombre bajo el cielo, dado a los hombres, en que podamos ser salvos* (Hch 4.10-12).

Para que no haya ningún resquicio de duda, cerca de treinta años más tardes el apóstol Pedro escribió su primera carta y mantuvo la misma posición con respecto a que Cristo, y no él, es la piedra sobre la cual la Iglesia está edificada. Oigamos al apóstol:

> *Acercándoos a él, piedra viva, desechada ciertamente por los hombres, mas para Dios escogida y preciosa, vosotros también, como piedras vivas, sed edificados como casa espiritual y sacerdocio santo, para ofrecer sacrificios espirituales aceptables a Dios por medio de Jesucristo. Por lo cual también contiene la Escritura: He aquí, pongo en Sion la principal piedra del ángulo, escogida, preciosa; y el que creyere en él, no será avergonzado. Para vosotros, pues, los que creéis, él es precioso; pero para los que no creen, la piedra que los edificadores desecharon, ha venido a ser la cabeza del ángulo; y: Piedra de tropiezo, y roca que hace caer, porque tropiezan en la palabra, siendo desobedientes; a lo cual fueron también destinados* (1P 2.4-8)

Si no es suficiente el testimonio de Pedro sobre este magno asunto, el apóstol Pablo también es meridianamente claro cuando afirma que Cristo es el único fundamento sobre el cual la Iglesia está edificada. Al escribir a la iglesia de Corinto, el apóstol a los gentiles dijo: *Porque nadie puede poner otro fundamento que el que está puesto, el cual es Jesucristo* (1Cor 3.11). También es esa misma carta, el apóstol hace referencia a la experiencia vivida por Moisés en Refidim, cuando el pueblo de Israel estaba sediento pero no había agua. El pueblo murmuró contra Moisés, y él clamó al Señor. Dios, entonces, le dijo: [...] *golpearás la peña, y saldrán de ella aguas, y beberá el pueblo* [...] (Éx 17.6). Haciendo una aplicación espiritual de ese evento, el apóstol Pablo dijo a la iglesia de Corinto: *y todos bebieron la misma bebida espiritual; porque bebían de la roca espiritual que los seguía, y la roca era Cristo* (1Cor 10.4). Es incuestionable la verdad que la piedra no es Pedro, sino Cristo. Si aún no son suficientes estos hechos, el apóstol Pablo además dice: *edificados sobre el fundamento de los apóstoles y profetas, siendo la principal piedra del ángulo Jesucristo mismo* (Ef 2.20). Nadie puede contra la verdad de Dios. Es como la luz, y ante esta, las tinieblas del engaño son disipadas.

En segundo lugar, *la afirmación que Cristo entregó las llaves del reino de Dios solo a Pedro está equivocada*. Las llaves del reino de Dios no fueron dadas solo a Pedro (Mt 18.18; 28.18-20). En Mateo 18.18, esas llaves fueron dadas a los demás apóstoles en el contexto de la aplicación de la disciplina eclesiástica. Cuando la iglesia aplica la disciplina de acuerdo con la Palabra de Dios, el Señor ratifica esa disciplina, sea para atar, sea para desatar. El reformador Juan Calvino entendía que la práctica de la disciplina bíblica es una de las marcas de la iglesia verdadera.

Las llaves dadas a Pedro, así como a los demás apóstoles, fueron usadas sabiamente por él. Esas llaves son la predicación del evangelio. Pedro predicó poderosamente la Palabra a los judíos en Jerusalén el día de Pentecostés (Hch 2.14-41). Cerca de tres mil personas fueron convertidas. Pedro predicó un sermón centrado en la persona de Cristo, hablando sobre su muerte, resurrección, ascensión y señorío. Más tarde, Pedro predicó a los samaritanos (Hch 8.25). Además, se nos informa que Pedro predicó a los gentiles, presentando el evangelio a Cornelio y su casa (Hch 10.34-38). Pedro no solo recibió las llaves; también las usó con gran destreza, abriendo la puerta de la salvación, predicando el evangelio a los judíos, los samaritanos y los gentiles. En el concilio de Jerusalén, el apóstol Pedro dio su testimonio de cómo Dios lo usó para anunciar el evangelio tanto a los judíos como a los gentiles (Hch 15.7-11).

Sin embargo, si hay alguna duda en la mente del lector acerca de que esas llaves son la predicación del evangelio, debemos informarle, parados firmes sobre la verdad de las Escrituras, que la puerta del cielo no es abierta por Pedro. La puerta es Jesús (Jn 10.9), y es solo Jesús quien tiene la llave que abre y ninguno puede cerrar (Ap 3.7).

En tercer lugar, *la vulnerabilidad de Pedro para ser la piedra fundamental de la Iglesia.* Pedro no es símbolo de estabilidad, mucho menos de infalibilidad. Al considerar los pasajes de los cuatro Evangelios, encontramos reiteradas veces a Pedro claudicando, tropezando en sus palabras, teniendo avances osados y reveses vergonzosos, alcanzando alturas excelsas o descendiendo a los abismos más profundos de sus caídas infelices. Pedro es símbolo de debilidad, de inconstancia, de vulnerabilidad. Pedro es símbolo del hombre frágil, apoyándose en el bastón de la autoconfianza. Como ya tratamos de ese asunto, y para no extendernos sobre este aspecto, veamos solo unos ejemplos:

Pedro, el contradictorio. Luego de afirmar la mesianidad y la divinidad de Cristo, Pedro intentó impedir a Jesús para que fuera a la cruz. Inmediatamente Jesús reprende la acción de Satanás en su vida, diciendo: [...] *¡Quítate de delante de mí, Satanás!; me eres tropiezo, porque no pones la mira en las cosas de Dios, sino en las de los hombres* (Mt 16.23).

Pedro, el desprovisto de entendimiento. A continuación, en la transfiguración, sin saber lo que hablaba, intentó poner a Jesús en el mismo nivel de Moisés y Elías (Mr 9.5-6).

Pedro, el autoconfiado. En el aposento alto dijo a Jesús que aunque todos los abandonaran, él jamás lo haría y que estaría listo para ir con Cristo, tanto a la prisión como a la muerte (Lc 22.33-34; Mt 26.33-35); pero Jesús le advirtió que él lo negaría aquella misma noche, tres veces, antes que el gallo cantara.

Pedro, el dormilón. En Getsemaní, en el auge de la gran batalla trabada por Cristo, Pedro no vigiló con Cristo, sino que durmió (Mt 26.40).

Pedro, el violento. Pedro sacó la espada en Getsemaní y cortó la oreja de Malco (Jn 18.10-11), por lo cual fue reprendido por Cristo.

Pedro, el miedoso. Cuando Cristo fue apresado, Pedro comenzó a seguirlo a lo lejos y no fue al monte Calvario (Lc 22.54).

Pedro, el discípulo que negó a Jesús. Pedro negó, juró y maldijo, diciendo que no conocía a Jesús (Mt 26.70, 72, 74). La Iglesia de Cristo no puede estar edificada sobre ningún hombre. Dios conoce la estructura del hombre y sabe que es polvo.

En cuarto lugar, *el primado de Pedro no es reconocido por los demás apóstoles.* Si Pedro tenía la primacía entre los apóstoles y era el obispo universal, ciertamente habría recibido de los demás apóstoles ese reconocimiento. Sin embargo, el Nuevo Testamento no tiene ninguna palabra a favor de esa pretensión del catolicismo romano. Veamos algunos argumentos:

Pedro no nombra un apóstol para el lugar de Judas. El único caso de sustitución de un apóstol, Matías en lugar de Judas, no fue una decisión de Pedro (Hch 1.15-26).

Pedro obedece las órdenes de los apóstoles. Pedro fue enviado junto con Juan por los apóstoles a Samaria en vez de que Pedro enviara a alguien. Él obedece las órdenes en vez de dar las órdenes (Hch 8.14-15).

Pedro no dirige el primer concilio de la Iglesia. Las decisiones doctrinales de la Iglesia no son tomadas por Pedro. El primer concilio de la Iglesia, en Jerusalén, fue dirigido por Santiago, y no por Pedro (Hch 15.13-21).

Todas las veces que los discípulos discutieron sobre quién era el más importante entre ellos, recibieron de Cristo una severa exhortación. En tres ocasiones, los discípulos discutieron el asunto de la primacía entre ellos, y Cristo los reprendió (Mr 9.35; Mt 20.25-28; Lc 22.24).

Pedro no era el primado de Jerusalén. Pablo lo llama columna de la iglesia, junto con otros apóstoles, pero no lo menciona en primer lugar (Gál 2.9).

El pastor de las iglesias gentiles no era Pedro, sino Pablo. Pablo no se consideró inferior a ningún apóstol (2Cor 12.11) y dijo que sobre él pesaba la preocupación por todas las iglesias (2Cor 11.28).

Pedro es reprendido por el apóstol Pablo. Pedro se hizo reprensible en Antioquía, por lo que fue duramente exhortado por Pablo (Gál 2.11-14).

En el Nuevo Testamento, los apóstoles se asocian como iguales en autoridad. Ninguna distinción fue hecha en favor de Pedro (1Cor 12.28; Ef 2.20). Pablo no dio prioridad a Pedro cuando combatió la primacía dada por un grupo a Pedro, equiparándolo a él y a Apolos, dando suprema importancia solo a Cristo (1Cor 1.12).

En quinto lugar, *Pedro no reivindicó autoridad papal*. Otro argumento incuestionable para probar que Pedro no fue obispo de Roma ni obispo universal es que él no reivindicó para sí autoridad papal. Veamos:

Pedro no aceptó veneración de hombres. Cuando Cornelio se arrodilló delante de Pedro y lo adoró, inmediatamente Pedro lo levantó y dijo: [...] *Levántate, pues yo mismo también soy hombre* (Hch 10.26). Pedro no osó perdonar los pecados de Simón el mago, cuando pidió a Pedro y Juan que rogaran por él (Hch 8.22-23).

Pedro se autodenominó simplemente siervo y apóstol de Cristo. Cuando Pedro escribió sus cartas, si de hecho era obispo universal o papa de la Iglesia, habría defendido su primado, pero no lo hizo. Al contrario, se presentó como apóstol de Cristo (1P 1.1) y como siervo de Cristo (2P 1.1).

Pedro se consideró anciano entre los otros ancianos, y no por encima de los demás. Pedro reprobó que un presbítero quisiera dominar el rebaño de Dios y se llamó a sí mismo anciano entre los demás, y no por encima de ellos (1P 5.1-4).

En sexto lugar, *Pedro no fue obispo de la iglesia de Roma.* De acuerdo con la tradición del catolicismo romano, Pedro fue obispo de la Iglesia en Roma durante 25 años, o sea, desde el 42 d.C. hasta el 67 d.C., cuando fue crucificado de cabeza, por orden de Nerón. Varios son los argumentos que podemos usar para refutar esa pretensión romana.

La Biblia no dice nada sobre el obispado de Pedro en Roma. La palabra "Roma" aparece solo nueve veces en la Biblia, y Pedro nunca es mencionado en conexión con esta ciudad. No hay ninguna alusión a Roma en ninguna de las epístolas de Pedro. El libro de Hechos no dice nada acerca de Pedro después del capítulo 15, solo que él hizo muchos viajes con su esposa (1Cor 9.5).

No hay ninguna mención que Pedro haya sido el fundador de la iglesia de Roma. Posiblemente los romanos presentes en Pentecostés (Hch 2.10-11) fueron los fundadores de la iglesia.

Pablo escribe su carta a la iglesia de Roma en el 58 d.C. y no menciona a Pedro. En ese período, Pedro estaría en el auge de su pontificado en Roma, pero Pablo no dirige su carta a Pedro. Al contrario, dirige la carta a la Iglesia como su instructor espiritual (Rom 1.13). En el capítulo 16 de la carta a los Romanos, Pablo da 26 saludos a los más destacados miembros de la iglesia de Roma y no menciona a Pedro. Si Pedro ya era obispo de la iglesia de Roma hacía dieciséis años (42 d.C. al 58 d.C.), ¿por qué dijo Pablo: *Porque deseo veros, para comunicaros algún don espiritual, a fin de que seáis confirmados* (Rom 1.11)? ¿No sería un insulto gratuito a Pedro? ¿No sería presunción de Pablo con el papa de la Iglesia? Si Pedro era papa de la Iglesia de Roma, ¿por qué Pablo dice que no acostumbraba a edificar sobre fundamento ajeno: *Y de esta manera me esforcé a predicar el evangelio, no donde Cristo ya hubiese sido nombrado, para no edificar sobre fundamento ajeno* (Rom 15.20)? Pablo dijo eso porque Pedro no estuvo ni estaba en Roma.

Pablo escribe cartas desde Roma y no menciona a Pedro. Mientras Pablo estuvo preso en Roma (61 d.C. al 63 d.C.), los judíos creyentes de Roma fueron a visitarlo, y nada se dice de Pedro, ya que los judíos no saben nada acerca de esa "secta" que estaba siendo impugnada. Si Pedro estaba allá, ¿cómo esos líderes judíos no sabían nada sobre el cristianismo (Hch 28.16-30)? Pablo escribe varias cartas desde la prisión en Roma (Efesios, Filipenses, Colosenses, Filemón) y envía saludos de los creyentes de Roma a las iglesias, pero no menciona a Pedro.

Durante su segunda prisión, Pablo escribió su última carta (2 Timoteo), en el 67 d.C. Allí Pablo escribe que todos sus amigos lo abandonaron y que solo Lucas estaba con él (2Tim 4.10-11). ¿Pedro estaba allá? Si Pedro estaba allá, le faltó cortesía, pues nunca visitó y asistió a Pablo en la presión.

No hay ningún hecho bíblico ni histórico donde Pedro transfiera su supuesto puesto papal a un sucesor. No solo está claro a la luz de la Biblia y de la historia que Pedro nunca fue papa, sino que tampoco hay ninguna evidencia bíblica o histórica de que los papas son sucesores de Pedro.

Aunque Pedro haya sido obispo de Roma, el primer papa de la Iglesia (lo que ya ha sido suficientemente probado con irrefutables pruebas que no fue así), no tenemos prueba que haya legítima sucesión apostólica; y, si la hubiera, los supuestos sucesores deberían suscribir las mismas convicciones teológicas de Pedro. Es absolutamente incongruente afirmar que el papa pueda ser un legítimo sucesor de Pedro, cuando su teología y su práctica están en flagrante oposición a lo que el apóstol creyó y predicó. ¡Pedro condenó lo que los papas aprueban!